Créditos previdenciários em face de acordos celebrados após a sentença trabalhista

PATRÍCIA PINHEIRO SILVA

Advogada. Pós-graduada em Direito do Estado e Direito e Processo do Trabalho pelo Instituto Excelência Ltda. (Podivm)

CRÉDITOS PREVIDENCIÁRIOS EM FACE DE ACORDOS CELEBRADOS APÓS A SENTENÇA TRABALHISTA

EDITORA LTDA.

© Todos os direitos reservados

Rua Jaguaribe, 571
CEP 01224-001
São Paulo, SP — Brasil
Fone (11) 2167-1101

Produção Gráfica e Editoração Eletrônica: **GRAPHIEN DIAGRAMAÇÃO E ARTE**
Projeto de Capa: **FABIO GIGLIO**
Impressão: **PROL GRÁFICA E EDITORA**

LTr 4443.6
Janeiro, 2012

Visite nosso site
www.ltr.com.br

Dados Internacionais de Catalogação na Publicação (CIP)
(Câmara Brasileira do Livro, SP, Brasil)

Silva, Patrícia Pinheiro

Créditos previdenciários em face de acordos celebrados após a sentença trabalhista / Patrícia Pinheiro Silva. — São Paulo : LTr, 2012.

Bibliografia.
ISBN 978-85-361-1980-9

1. Contribuições previdenciárias — Brasil 2. Execução (Direito do trabalho) — Brasil 3. Justiça do trabalho — Brasil 4. Previdência social — Brasil 5. Previdência social — Leis e legislação — Brasil I. Título.

11-08641   CDU-347.952:368.4:331(81)

Índices para catálogo sistemático:

1. Brasil : Contribuições sociais : Créditos
   previdenciários : Execução das contribuições
   previdenciárias pela Justiça do Trabalho :
   Direito processual trabalhista
   347.952:368.4:331(81)

À minha família e aos amigos, sem dúvida os grandes incentivadores de todas as minhas conquistas acadêmicas e profissionais.

A Deus, que dirige todos os meus passos.

Sumário

PREFÁCIO — Rodolfo Pamplona Filho 9
INTRODUÇÃO 11
1. O CRÉDITO PREVIDENCIÁRIO 15
   1.1. Tributos 15
      1.1.1. Breves noções 15
      1.1.2. Conceito legal 16
      1.1.3. Natureza jurídica das contribuições previdenciárias 17
   1.2. Limitações ao poder de tributar 20
      1.2.1. Princípio da legalidade 21
      1.2.2. Princípio da capacidade contributiva 22
      1.2.3. Princípio da vedação do confisco ou do não confisco 23
   1.3. Regra-matriz de incidência 24
      1.3.1. Antecedente da norma tributária 25
         1.3.1.1. Aspecto material 25
         1.3.1.2. Aspecto espacial 29
         1.3.1.3. Aspecto temporal 29
      1.3.2. Fato gerador 29
      1.3.3. Consequente da norma tributária 30
         1.3.3.1. Aspecto pessoal 31
         1.3.3.2. Aspecto quantitativo 33
   1.4. O crédito 35
2. COMPETÊNCIA DA JUSTIÇA DO TRABALHO EM MATÉRIA PREVIDENCIÁRIA 37
   2.1. Previdência social brasileira 37
      2.1.1. O nascimento da Previdência Social 37
      2.1.2. A crise do Sistema Previdenciário 38
   2.2. A evolução legal da competência trabalhista para executar contribuições previdenciárias 39
      2.2.1. Na legislação 39
      2.2.2. Na Constituição de 1988 41
   2.3. Análise crítica da competência da justiça do trabalho para executar contribuições previdenciárias 42

3. EXECUÇÃO DAS CONTRIBUIÇÕES PREVIDENCIÁRIAS NA JUSTIÇA DO TRABALHO 47
   3.1. Do título executivo 47
   3.2. Da liquidação 50
   3.3. Da execução 52
   3.4. Análise crítica 53

4. A CONCILIAÇÃO JUDICIAL NO PROCESSO TRABALHISTA 57
   4.1. Escorço histórico da conciliação 57
   4.2. O tratamento legal 59
   4.3. A conciliação em face da indisponibilidade dos direitos trabalhistas 63
      4.3.1. Limitações à liberdade negocial no Direito do Trabalho 64
      4.3.2. A ponderação dos valores: propostas para a solução da antinomia 65
         4.3.2.1. Graus de indisposição das normas protetivas do trabalhador 65
         4.3.2.2. Quanto ao momento da disposição 66
         4.3.2.3. Da *res dubia* 67
         4.3.2.4. O incentivo do Ordenamento Jurídico 68
         4.3.2.5. Síntese das propostas 68

5. CRÉDITOS PREVIDENCIÁRIOS EM FACE DE ACORDOS CELEBRADOS APÓS A SENTENÇA TRABALHISTA 70
   5.1. Interpretação do § 6º do art. 832 da CLT 71
      5.1.1. Das razões Constitucionais 72
         5.1.1.1. Hipótese de incidência tributária na literalidade da Constituição. 72
         5.1.1.2. Principiologia constitucional 73
      5.1.2. Da expectativa de direito 74
      5.1.3. Da conciliação judicial 75
      5.1.4. Da acessoriedade dos créditos fiscais 76
      5.1.5. Correligionários da tese nos meios institucionais e jurisdicionais 77
      5.1.6. A atual posição legislativa 78
   5.2. Aspectos críticos da tese defendida 78

CONSIDERAÇÕES FINAIS 83

REFERÊNCIAS 91

Prefácio

É com muita honra que aceitamos o convite de *Patrícia Pinheiro Silva* para prefaciar sua obra de estreia, a saber, o livro Créditos previdenciários em face de acordos celebrados após a sentença trabalhista.

Trata-se, com aperfeiçoamentos, da excelente monografia apresentada, sob minha orientação, perante dura banca examinadora no Curso de Direito da Universidade Federal da Bahia.

E, embora seja uma obra de estreia, não tenho a menor dúvida de que começa muito bem a autora.

Com efeito, versa o livro sobre a possibilidade de os litigantes, em sede de processo trabalhista, celebrarem acordos após o trânsito em julgado da sentença, cujo conteúdo exclua, no todo ou em parte, os créditos previdenciários pertencentes à União.

Dentre os aspectos examinados, foi discutido o enquadramento das contribuições previdenciárias como espécies tributárias, e a consequente sujeição da sua exigibilidade às limitações constitucionais ao poder de tributar. Explicou-se, inclusive, o intrincado atual procedimento das execuções de tais tributos, inseridos no contexto da competência executória da Justiça do Trabalho.

Sem perder os olhos na legislação vigente, propugnou-se por uma visão também de *lege ferenda*, propondo modificações normativas que melhor se adequassem ao momento constitucionalmente estabelecido para a incidência das contribuições previdenciárias.

Por fim, demonstrou-se que, de fato, há indisponibilidade dos créditos da União, contudo, tais direitos somente gozam de proteção jurídica após a sua efetiva constituição, que apenas se concretiza com o cumprimento da obrigação trabalhista, não havendo impedimento, portanto, para a homologação de acordos após a prolação da sentença, de tal forma que apenas deverão as contribuições previdenciárias incidir sobre as verbas acordadas, no momento do seu adimplemento.

Trata-se, portanto, de um trabalho de fôlego e cuidado, que demonstra a imensa capacidade e vocação científica da autora.

Assim sendo, nada mais cabe a este prefaciador, senão recomendar entusiasticamente esta obra que se tornará, por certo, uma menção obrigatória a todos que se debruçarem sobre o tema, daqui em diante.

Salvador, junho de 2011.

Rodolfo Pamplona Filho

Juiz Titular da 1ª Vara do Trabalho de Salvador/BA (Tribunal Regional do Trabalho da Quinta Região). Professor Titular de Direito Civil e Direito Processual do Trabalho da Universidade Salvador — UNIFACS. Professor Adjunto da Graduação e Pós-Graduação em Direito (Mestrado e Doutorado) da Faculdade de Direito da UFBA – Universidade Federal da Bahia. Coordenador do Curso de Especialização em Direito e Processo do Trabalho do JusPodivm/BA. Mestre e Doutor em Direito do Trabalho pela Pontifícia Universidade Católica de São Paulo. Especialista em Direito Civil pela Fundação Faculdade de Direito da Bahia. Membro da Academia Nacional de Direito do Trabalho e da Academia de Letras Jurídicas da Bahia.

Introdução

Atualmente, é inegável a importância da tributação enquanto principal meio de que se vale o Estado brasileiro para custear as políticas públicas, proporcionando o tão almejado (embora ainda não plenamente concretizado) bem-estar social. A exação, quando feita de forma legítima, em conformidade com a legislação elaborada pelos representantes eleitos pelo povo, sendo revertida em benefícios para toda a sociedade, pode e deve ser realizada.

Assim é que se deve conceber a tributação não apenas como instrumento expropriatório da riqueza privada que é disponibilizado ao Estado, mas, acima de tudo, como meio de concretização dos direitos sociais, garantindo-se à população não só sua existência, mas a sua dignidade. A correta e eficaz arrecadação tributária, portanto, constitui verdadeiro direito dos cidadãos, evitando-se que o Estado, em virtude dos elevados índices de sonegação, aumente a carga tributária e termine por onerar em demasia os honestos contribuintes.

Neste contexto de maximização da efetividade do recolhimento tributário, e, consequentemente, da própria realização de políticas públicas, especialmente, dos benefícios relacionados à Previdência Social, é que se encontra a execução das contribuições previdenciárias pela Justiça do Trabalho. Mais uma vez, esta Justiça Especializada recebe um papel eminentemente garantidor dos direitos sociais, agora, no campo da Seguridade Social, dado o interesse público que exsurge no devido recolhimento de tais tributos.

Desta forma, existentes créditos previdenciários em favor da União, o magistrado trabalhista, sob pena de malferir o interesse público envolvido na matéria, deverá proceder à cobrança dos mesmos.

De outro lado, tem-se o cidadão, enquanto sujeito que custeia as atividades estatais, que tem a sua liberdade e propriedade restringidas em prol da sociedade. E, para evitar a absoluta sujeição deste contribuinte aos arbítrios estatais, despontam como de fundamental importância as limitações constitucionais ao poder de tributar.

Percebe-se, assim, que a relação de custeio da Previdência Social resume-se a este constante sopesar de direitos e deveres da sociedade (representada pelo Estado) e do indivíduo. Neste ponto, surgem as indagações acerca da disponibilidade dos particulares sobre os créditos previdenciários, especificamente, nos casos em que haja uma sentença judicial transitada em julgada dirimindo o conflito trabalhista.

Desta forma, este livro, utilizando-se do modelo teórico-aplicado, objetiva não apenas a construção de um modelo ou teoria, mas também, a proposição de soluções para a prática hodierna, dirimindo-se a problemática consubstanciada no seguinte questionamento: é possível que os litigantes, em sede de processo trabalhista, celebrem acordos após o trânsito em julgado da sentença, cujo conteúdo exclua, no todo ou em parte, os créditos previdenciários pertencentes à União? Para tanto, valer-se-á do método dedutivo, através da pesquisa doutrinária na seara jus-laboral, previdenciária, tributária e constitucional, bem como do exame da legislação aplicável, e da investigação jurisprudencial brasileira, conforme um método baseado na heurística.

Diante disto, no primeiro capítulo serão examinados aspectos referentes à natureza jurídica das contribuições previdenciárias, e à possibilidade de seu enquadramento enquanto espécies tributárias. Partindo-se desta premissa, portanto, ter-se-á a sujeição da exigibilidade de tais tributos às limitações constitucionais ao poder de tributar, o que refletirá diretamente na concepção que se tem acerca da sua regra-matriz de incidência, e da própria formação do crédito previdenciário.

No segundo capítulo, proceder-se-á ao estudo da competência da Justiça do Trabalho em matéria previdenciária. Isto se dará a partir da análise do contexto social em que a competência executória das contribuições previdenciárias foi concedida à Justiça Laboral, da evolução legal da questão até os dias atuais, e, finalmente, serão feitas considerações críticas sobre a matéria, com vistas à eliminação das discussões realizadas em torno do acerto do constituinte derivado na ampliação da atuação desta Justiça Especializada.

Para atingir o escopo da pesquisa, no capítulo terceiro serão elucidados aspectos atinentes à execução das contribuições previdenciárias na Justiça do Trabalho, desde a formação do título executivo, passando-se pela fase de liquidação, chegando-se à execução propriamente dita. Após, será feita uma análise crítica acerca do procedimento posto, em face do quanto discutido sobre a formação do crédito previdenciário, propondo-se a modificação do mesmo de *lege ferenda*.

O capítulo seguinte versará acerca da conciliação judicial em sede de processo trabalhista. Serão enfocadas questões como o surgimento da necessidade do instituto, o tratamento legal vigente dado à matéria, bem como da fundamental importância concedida pelo Direito Processual Laboral para a conciliabilidade, enquanto mecanismo de dissolução dos conflitos decorrentes da relação de trabalho. Debater-se-á, ainda, o problema da indisponibilidade dos direitos trabalhistas diante da conciliação judicial.

Por fim, o capítulo quinto terá como precípua tarefa esclarecer a extensão da proteção e da própria existência dos créditos da União, bem como a eventual possibilidade de serem os mesmos submetidos ao poder de disposição dos contribuintes após a prolação da sentença no campo do processo laboral, focando a hipótese motivadora do trabalho. Serão propostos, ainda, mecanismos viáveis para se evitar a ocorrência de fraudes e simulações entre as partes, em detrimento dos direitos de que goza a Fazenda Pública, de forma a se prover a melhor solução para a problemática inicial.

Diante do exposto, justifica-se o presente trabalho pela sua importância prática, dogmática e, principalmente, social, na medida em que busca apurar a amplitude do poder de disposição do trabalhador e do tomador de serviços, em face dos créditos de terceiro, qual seja, a União, solucionando-se a problemática e dando-se maior estabilidade, segurança jurídica e fática às relações previdenciárias, em função da notória celeuma doutrinária e jurisprudencial acerca da matéria. Dirimindo-se os conflitos existentes em torno do tema, será dada maior credibilidade ao sistema jurídico, e, principalmente, aos preceitos constitucionais, tendo em vista a obediência aos direitos dos segurados da Previdência consagrados no corpo da Carta Magna de 88, assim como o atendimento aos escopos sociais defendidos pela Fazenda Pública.

O crédito previdenciário

1.1. TRIBUTOS

Neste momento, faz-se mister para o bom desenvolvimento do presente estudo, delinear um panorama geral acerca do instituto jurídico dos tributos, visando ao esclarecimento da viabilidade do enquadramento das contribuições previdenciárias enquanto uma de suas espécies.

Assim, será apresentada uma visão estrutural dos tributos, perquirindo-se acerca de sua origem, bem como de sua conceituação e classificação na qual se encontram as diversas modalidades tributárias conhecidas.

1.1.1. Breves noções

É bastante antiga a origem dos tributos, havendo indícios de que surgiram como manifestação espontânea e voluntária, para homenagear deuses ou presentear líderes tribais e chefes guerreiros por serviços prestados em favor da comunidade. Posteriormente, a tributação foi adquirindo caráter compulsório, sendo imposto o seu pagamento aos vencidos de guerra.

Essa compulsoriedade foi mantida com a estatização da cobrança de tributos dos governados, como se deu, por exemplo, nas civilizações gregas e romanas. Nos tempos medievais, os camponeses foram submetidos a pesadas cargas tributárias impostas pela nobreza feudal, obrigação esta que se lastreava até mesmo em fundamentos religiosos. Na França, durante o reinado de Luís XIV, o povo miserável deveria contribuir para as enormes despesas do governo com festas e guerras, fato este que conduziu à Revolução Francesa e sua concepção liberal de Estado (MINISTÉRIO DA FAZENDA, 2008).

Mais tarde, a passagem do Estado Liberal para o *Welfare State* trouxe reflexos para a própria ideia de destinação dos tributos. Com efeito, passou-se a entender que a arrecadação tributária somente possuiria sentido se objetivasse a satisfação dos direitos sociais, quais sejam segurança, transporte, educação etc. Os tributos corresponderiam, assim, a uma contra-face da nova postura comissiva do Estado.

Nesse diapasão, atualmente, pode-se definir tributos como receitas derivadas, vale dizer, não produzidas originariamente pelo patrimônio público, mas arrecadadas pelo Estado ou outras entidades não estatais que persigam interesse público, para financiar as despesas públicas e os objetivos estatais. Segundo Luciano Amaro (2005, p. 16), a noção de tributo está ligada ao radical latino *tribuere* que significa distribuir, no sentido de repartir entre os membros da comunidade o dever de satisfação das necessidades coletivas.

1.1.2. Conceito legal

A Lei n. 5.172, de 25 de outubro de 1966, denominada Código Tributário Nacional, dispõe em seu art. 3º, que "tributo é toda prestação pecuniária compulsória, em moeda ou cujo valor nela se possa exprimir, que não constitua sanção de ato ilícito, instituída em lei e cobrada mediante atividade administrativa plenamente vinculada."

Este conceito é composto por alguns elementos que merecem ser analisados com mais detalhe.

Inicialmente, cumpre ressaltar o caráter pecuniário da prestação tributária, enquanto prestação em moeda corrente nacional, não existindo tributo *in natura* ou *in labore*, conforme entendimento da maioria da doutrina, a exemplo de Hugo de Brito Machado (2002, p. 58) e Luciano Amaro (2005, p. 20-21). Alerte-se, todavia, que nem toda prestação pecuniária consubstanciará tributo, já que para tanto, é necessário que sejam satisfeitos os demais requisitos legais.

Outro elemento reside na compulsoriedade da prestação, no sentido de que o sujeito passivo vincula-se à obrigação tributária, originando-a e devendo pagar o tributo, independentemente de sua vontade, como decorrência lógica de uma imposição legal. Ligada a este requisito, tem-se a noção de que o tributo decorre da lei, de tal forma que deverá obediência ao princípio da legalidade. Diz-se, portanto, que a relação tributária contém uma obrigação *ex lege*.

A quarta característica dos tributos é a natureza não sancionatória de ilicitude, de tal forma que sua hipótese de incidência deverá estar pautada na licitude. Por esta razão, as multas, apesar de criadas por lei, não são tidas como espécie tributária.

Ainda, o CTN traz como requisito que a prestação pecuniária seja cobrada mediante atividade administrativa plenamente vinculada. Neste aspecto, são bastante elucidativas as lições de Hugo de Brito Machado (2002, p. 62):

> A atividade administrativa pode ser classificada em arbitrária, discricionária e vinculada conforme o grau de liberdade atribuída a autoridade no seu desempenho. Atividade arbitrária é aquela em cujo desempenho a autoridade não sofre qualquer limite. [...] Atividade discricionária é aquela em cujo desempenho a autoridade administrativa dispõe de liberdade para decidir sobre a conveniência e a oportunidade de agir e sobre como agir. A lei estabelece um *fim* a ser alcançado, a *forma* a ser observada, e a *competência* da autoridade para agir. Atividade vinculada é aquela em cujo desempenho a autoridade administrativa

não goza de liberdade para apreciar a *convivência* nem a *oportunidade* de agir. A lei não estabelece apenas um fim a ser alcançado, a *forma* a ser observada e a *competência* da autoridade para agir. Estabelece, além disto, o momento, vale dizer, o quando agir, e o conteúdo mesmo da atividade. Não deixa margem à apreciação da autoridade, que fica inteiramente vinculada ao comando legal. (grifos do autor)

Assim, apenas se presentes todas estas características acima elencadas é que se poderá falar na existência de tributo.

1.1.3. *Natureza jurídica das contribuições previdenciárias*

Nos dias de hoje, não há como se negar a natureza tributária das contribuições sociais, já que a própria Constituição Federal, no Capítulo I, do Título IV, que versa acerca do Sistema Tributário Nacional, prevê a competência da União para instituí-las. Com efeito, tais contribuições são compulsoriamente cobradas mediante atividade administrativa plenamente vinculada da Secretaria da Receita Federal (SRF), devendo ser pagas em moeda ou equivalente, não constituindo sanção de ato ilícito.

Apesar de pacificada a natureza tributária das contribuições sociais, o Código Tributário Nacional (CTN), utilizando como critério o fato gerador de cada modalidade de exação, estabelece a chamada classificação tripartida dos tributos e, conforme se pode observar pela literalidade do seu art. 5º, divide as espécies tributárias apenas em impostos, taxas e contribuições de melhoria.

Percebe-se, assim, que o CTN não dá autonomia às contribuições sociais, o que terminou por conduzir parte respeitável da doutrina a enquadrá-las dentro de uma das espécies mencionadas no art. 5º do diploma legal em comento. Todavia, não há consenso entre os doutrinadores acerca do tema, de tal forma que foram propostas as mais variadas classificações das espécies tributárias.

Em que pese a existência de doutrinadores de renome em sentido contrário, neste trabalho, particularmente, seguir-se-á a classificação quinquipartida dos tributos adotada pelo Supremo Tribunal Federal (STF) e por autores de escol como Rogério V. G. da Silva Martins e José Ruben Marone (2000, p. 36-37), que consideram espécies tributárias autônomas, também, os empréstimos compulsórios e as contribuições especiais, por julgarem ser impossível o enquadramento de todas as espécies de tributos nas hipóteses do art. 5º do CTN.

Com efeito, entende-se que, com o advento da CF/88, não há como subsistir a teoria tripartite e seu critério único de classificação, tendo este se tornado insuficiente em função das peculiaridades inerentes ao empréstimo compulsório e às contribuições especiais.

Nesse diapasão, a partir do critério da restituibilidade, ou seja, da previsão de devolução, surge uma nova espécie tributária autônoma: os empréstimos compulsórios.

A seu turno, tomando-se por base um terceiro critério, qual seja a destinação constitucional do produto da arrecadação, as contribuições especiais despontam como quinta modalidade de tributo.

Quanto a este último critério, deve-se observar que o mesmo tem sido criticado pelos adeptos da classificação tripartite, tendo em vista que o art. 4º do CTN expressamente dispõe que a natureza jurídica do tributo é determinada pelo fato gerador da respectiva obrigação, sendo irrelevante para qualificá-la a destinação legal do produto da sua arrecadação.

Entretanto, é de se observar que o CTN adota a classificação tripartite, sendo a disposição normativa em questão mero reflexo de tal postura, já que, efetivamente, a destinação legal do tributo é irrelevante para identificar a taxa, a contribuição de melhoria ou o imposto, únicas espécies tributárias previstas no Código. Para tais modalidades de tributos, é suficiente a distinção calcada no fato gerador, de tal forma que o art. 4º somente é aplicável para as espécies tributárias previstas no CTN.

O art. 4º, todavia, deve ser interpretado à luz do Sistema Tributário Nacional como um todo, uma vez que existem espécies tributárias previstas na Constituição que, necessariamente, devem ser analisadas de acordo com a destinação constitucional do produto da sua arrecadação. Esses tributos, ao serem instituídos, já são dotados de uma finalidade, de uma destinação. Nos dizeres de Luciano Amaro (2005, p. 77-78):

> Há situações em que a destinação do tributo é prevista pela Constituição como aspecto integrante do regime jurídico da figura tributária, na medida em que se apresenta como condição, requisito, pressuposto ou aspecto do exercício legítimo (isto é, constitucional) da competência tributária. [...] Não se deve invocar o art. 4º do Código Tributário Nacional, mesmo porque ele não condiciona o trabalho do legislador constituinte, que pode utilizar o critério da destinação para discriminar esta ou aquela espécie tributária, sem que a norma infraconstitucional o impeça.

Neste trabalho, portanto, adotar-se-á a classificação quinquipartida, para se ter como premissa que existem no Sistema Tributário Nacional os tributos que serão brevemente analisados abaixo.

A primeira espécie tributária seria o imposto, definido pelo art. 16 do CTN como "o tributo cuja obrigação tem por fato gerador uma situação independente de qualquer atividade estatal específica, relativa ao contribuinte". Assim, os impostos são tidos como tributos não vinculados, conforme classificação capitaneada pelo professor Geraldo Ataliba (2005, p. 130-136). Estão elencados nos arts. 153, 155 e 156 da CF/88.

A seu turno, as taxas são tributos cuja materialidade consiste em uma atuação do Estado diretamente referida ao contribuinte, sendo consideradas tributos vinculados. Dispõe a Constituição, em seu art. 145, que a União, os Estados, o DF e os Municípios poderão instituir "taxas, em razão do exercício do poder de polícia ou pela utilização, efetiva ou potencial, de serviços públicos específicos e divisíveis, prestados ao contribuinte ou postos a sua disposição".

Há, também, as contribuições de melhoria, que são tributos vinculados cuja materialidade consiste em uma atuação do Estado indiretamente referida ao contribuinte, pressupondo a realização de uma obra pública que traga a valorização do imóvel. Assim, prevê o art. 81 do CTN, que:

> A contribuição de melhoria cobrada pela União, pelos Estados, pelo Distrito Federal ou pelos Municípios, no âmbito de suas respectivas atribuições, é instituída para fazer face ao custo de obras públicas de que decorra valorização imobiliária, tendo como limite total a despesa realizada e como limite individual o acréscimo de valor que da obra resultar para cada imóvel beneficiado.

Como quarta espécie tributária, têm-se os empréstimos compulsórios, que são receitas provisórias (já que a arrecadação dos empréstimos gera a obrigação de devolução) e obrigatórias em prol do Estado. Está previsto no art. 148 da CF, que assim dispõe:

> A União, mediante lei complementar, poderá instituir empréstimos compulsórios: I — para atender a despesas extraordinárias, decorrentes de calamidade pública, de guerra externa ou sua iminência; II — no caso de investimento público de caráter urgente e de relevante interesse nacional, observado o disposto no art. 150, III, b. Parágrafo único. A aplicação dos recursos provenientes de empréstimo compulsório será vinculada à despesa que fundamentou sua instituição.

Por fim, existem as contribuições especiais, tributos que possuem destinação específica, instituídos com uma finalidade constitucionalmente qualificada e dividem-se em contribuições de intervenção no domínio econômico, contribuições de interesse de categorias profissionais ou econômicas, contribuição para iluminação pública, e contribuições de seguridade social. Necessariamente, a arrecadação do produto dessas contribuições deverá ser direcionada às suas destinações constitucionalmente previstas.

Pelo exposto, chega-se a uma conclusão de todo relevante para o presente estudo, qual seja o enquadramento das contribuições sociais, mais especificamente, das contribuições previdenciárias, como espécie tributária. Este fato, inequivocamente, conduz à aplicação do Direito Tributário, com suas normas e princípios, a tais contribuições.

No próximo tópico, far-se-á um estudo acerca de conceitos da Teoria Geral do Direito Tributário, visando à fixação de premissas para a tese que ora se defende.

1.2. LIMITAÇÕES AO PODER DE TRIBUTAR

O Sistema Constitucional Tributário consiste em um conjunto de regras e princípios que disciplina a tributação, enquanto atividade estatal de arrecadar dinheiro.

Nos dizeres de Hugo de Brito Machado (2002, p. 234), os sistemas tributários podem ser:

> a) rígidos e flexíveis; e b) racionais e históricos. *Rígidos* são os sistemas nos quais o legislador ordinário de quase nenhuma opção dispõe, visto como a Constituição estabelece o disciplinamento completo, traçando as normas essenciais do sistema. *Flexíveis* são aqueles sistemas nos quais o legislador ordinário goza de faculdades amplas, podendo inclusive alterar a própria discriminação de rendas. *Racionais* são os sistemas elaborados à luz dos princípios ditados pela Ciência das Finanças e tendo em vista determinados objetivos políticos. Históricos são aqueles resultantes da instituição de tributos sem prévio planejamento. Os tributos são instituídos de forma casuística, sem qualquer preocupação com o *todo*. A rigor, não devem ser considerados sistemas, posto que a este conceito não correspondem. (grifos do autor)

O Sistema Constitucional Tributário brasileiro é marcado por sua rigidez, no sentido de que somente pode ser alterado mediante emenda constitucional, procedimento mais complexo que o exigido para elaboração e alteração das demais espécies normativas. Em outra acepção, essa rigidez é demonstrada pelo caráter exaustivo deste Sistema, uma vez que o constituinte trouxe todos os princípios e regras que disciplinam a tributação, restringindo a atuação criativa do legislador infraconstitucional.

Para Roque Antônio Carrazza (2007, p. 479-488), a Constituição representa o fundamento de validade para toda a pirâmide normativa, devendo os entes da federação, no exercício de sua competência tributária, observar às limitações impostas pelo legislador constituinte, no plano positivo ou principiológico. Assim, a Carta Constitucional de 1988, com seus inúmeros princípios e normas tributárias, guia o exercício da competência tributária, enquanto aptidão do legislador infraconstitucional para criar tributos *in abstrato*, ou seja, para descrever legislativamente as regras e aspectos da norma jurídica tributária.

No plano do Direito Tributário, ganham relevo as limitações ao poder de tributar, que consistem no conjunto de regras e princípios que demarcam a extensão do exercício da competência tributária. Nesse diapasão, merecem destaque os princípios constitucionais tributários.

São os princípios jurídicos da tributação, segundo ensinamento de Mizabel Derzi (BALEEIRO, 1999, p. 16-17), que determinam o sentido e a inteligibilidade do sistema, atribuindo ou denegando poder ao ente público para tributar, bem como fixando requisitos ao exercício válido da competência tributária.

Estes princípios, mais do que diretrizes positivas que orientam a existência da competência tributária, representam restrições ao poder estatal de tributar, e, consequentemente, incorporam-se ao patrimônio jurídico do contribuinte na condição de direitos e garantias individuais, imodificáveis, portanto, enquanto cláusulas pétreas protegidas pelo constituinte originário no art. 60, § 4º, IV. Enfim, tais postulados constituem verdadeiro óbice à sujeição ilimitada do contribuinte ao Fisco, impedindo que a atuação do Estado adquira contornos de arbitrariedade.

Nos subitens abaixo, serão analisados mais detidamente os princípios mais relevantes para o estudo em tela, e que orientam todo o Sistema Tributário Nacional.

1.2.1. Princípio da legalidade

O princípio da legalidade tributária, conforme ensinamento de Luciano Amaro (2005, p. 111) "é multissecular, tendo sido consagrado na Inglaterra, na Magna Carta de 1215, do Rei João Sem Terra, a quem os barões ingleses impuseram a necessidade de obtenção de prévia aprovação dos súditos para a cobrança de tributo (*no taxation without representation*)."

Este princípio é consectário lógico da segurança jurídica e do direito de propriedade, e está consignado no art. 150, I, da Constituição Federal de 88, cujo conteúdo reza que "sem prejuízo de outras garantias asseguradas ao contribuinte, é vedado à União, aos Estados, ao Distrito Federal e aos Municípios exigir ou aumentar tributo sem lei que o estabeleça".

O CTN ratifica a norma constitucional supra, em seu art. 3º estudado acima, e garante que tributo será apenas aquele instituído por lei, não podendo os entes da federação, no exercício de suas respectivas competências tributárias, instituir, criar ou aumentar tributo se não o fizer por meio de lei.

Observe-se que este não é um princípio atinente apenas ao Direito Tributário, mas está implícito em todas as relações jurídicas. Consubstancia-se no preceito da liberdade jurídica, direito fundamental expressamente garantido a todas as pessoas pela Constituição, segundo o qual ninguém está obrigado a fazer ou deixar de fazer alguma coisa senão em virtude da lei.

A legalidade representa um dos postulados básicos preconizados pelo Estado Democrático de Direito, que garante o império da lei em prol das liberdades individuais das pessoas submetidas à sua autoridade, evitando-se, assim, a supressão de direitos e garantias essenciais aos seres humanos conforme o arbítrio e conveniências dos detentores do poder em determinado momento.

Cumpre ressaltar que as normas em comento garantem a reserva de lei não apenas em sua acepção material, enquanto comando abstrato, geral e impessoal, mas, também, no sentido de lei formal, ou seja, formulada pelo órgão titular de função legislativa, e em observância a seu procedimento de elaboração.

Em regra, os tributos só podem ser instituídos ou majorados por lei ordinária, salvo quando a própria Constituição dispuser em sentido contrário, a exemplo do empréstimo compulsório, que deverá ser instituído mediante lei complementar. Instrumentos infralegais, a exemplo de decretos, portarias, instruções normativas, entre outros, não podem jamais instituir, ou seja, criar tributos, sob pena de violação ao princípio da legalidade tributária (apesar de a Constituição permitir a alteração de alíquotas de certos impostos mediante decreto).

Nessa linha, a maioria da doutrina, a exemplo de Roque Antônio Carrazza (2007, p. 251) tem defendido que o Direito Tributário é regido não apenas pelo princípio da legalidade, mas pelo princípio da legalidade estrita ou da reserva absoluta de lei formal. Assim, não bastaria, para que o Estado pudesse exercer a sua competência tributária, a existência de lei material, mas seria necessário que a atuação do Fisco estivesse estritamente vinculada aos comandos de uma lei em sentido formal.

Conforme entendimento do professor Helcônio Almeida ([2006?], p. 37), "*la expression 'instituir' significa la aplicación de la regla de discriminación absoluta. [...] todos los elementos esenciales a la configuración del tributo deben ser objeto de ley.*" Nesse sentido, para a cobrança do tributo, essencial se torna a existência de lei que discipline minuciosamente a matéria, fixando todos os elementos essenciais para a caracterização do tributo; não poderá a lei instituir tributos de forma genérica ou relegar a instrumentos infralegais a regulamentação de questões fundamentais acerca da norma. Esta seria a expressão do princípio da legalidade no seu aspecto da taxatividade.

Sob um outro aspecto, ainda, a legalidade poderia ser visualizada no sentido de tipicidade, ou seja, a obrigação tributária apenas surge quando ocorrido no mundo fenomênico o fato gerador. Desta forma, apenas seria válida a cobrança do tributo, se o indivíduo realizar, *in concreto*, a hipótese de incidência tributária prevista na lei de forma taxativa.

Destarte, a atividade da Fazenda deverá estar adstrita à lei, não lhe cabendo exercer juízo de escolha quanto à cobrança ou não dos tributos. A legalidade é a principal arma que o contribuinte possui contra os abusos eventualmente gerados pela ânsia do Estado em arrecadar tributos, e implica a necessária vinculação da Administração Fazendária aos preceitos legislativos.

1.2.2. *Princípio da capacidade contributiva*

O princípio da capacidade contributiva foi inserido na Carta Magna de 1988, que preceitua, em seu art. 145, § 1º, que "sempre que possível, os impostos terão caráter pessoal e serão graduados segundo a capacidade econômica do contribuinte."

Embora o dispositivo em comento apenas se refira aos impostos, entende-se, na esteira dos ensinamentos do doutrinador Luciano Amaro (2005, p. 142), que outras espécies tributárias também podem levar em consideração a capacidade contributiva.

Especificamente, no caso das contribuições previdenciárias, a exação deverá respeitar a capacidade econômica do contribuinte, como consectário lógico da justiça fiscal, visando à concretização, no plano tributário, dos direitos individuais constitucionalmente previstos, entre eles, a igualdade, o direito de propriedade e a dignidade da pessoa humana.

Segundo Aliomar Baleeiro (1999, p. 748-749), a capacidade contributiva deve ser analisada sob um duplo aspecto. Em uma primeira acepção, seria considerada a capacidade objetiva, que pressupõe a existência no indivíduo de uma base econômica apta a suportar o gravame, de tal forma que se tributaria a expressão econômica da coisa ou do fato gerador. A capacidade econômica seria aferida, assim, quando o sujeito realiza os fatos-signos presuntivos de riqueza, em expressão cunhada por Becker, que fariam presumir a existência de riqueza a ser tributada pelo Fisco.

Em uma outra face, em decorrência dos valores propugnados pelo Estado Democrático de Direito, dever-se-ia pensar na capacidade contributiva sob a égide dos fatores subjetivos de apreciação, das reais condições do indivíduo, aferindo-se sua idade, saúde, estado civil, encargos de família etc.

O aspecto subjetivo da capacidade econômica está presente na Constituição sob a alcunha de pessoalidade dos tributos, que deve ser observado sempre que possível pelo legislador ordinário. A pessoalidade implica, assim, o respeito ao princípio da igualdade, em conformidade com o pensamento aristotélico de tratar-se igualmente os iguais e desigualmente os desiguais na medida de suas desigualdades, em respeito às peculiaridades financeiras de cada um.

Ressalte-se que a capacidade contributiva deve ser observada com vistas, até mesmo, à garantia de uma eficaz exação, já que o seu descumprimento poderia ensejar o não recolhimento de tributos em função da total carência financeira do contribuinte. Todavia, mais do que isso, o princípio da capacidade contributiva evita a submissão do indivíduo a cargas tributárias consideradas aviltantes à sua dignidade humana, valor constitucional alçado ao ápice do Ordenamento Jurídico brasileiro.

1.2.3. Princípio da vedação do confisco ou do não confisco

O princípio da vedação de tributo confiscatório está prevista no art. 150, IV, da CF/88 que assim dispõe: "sem prejuízo de outras garantias asseguradas ao contribuinte, é vedado à União, aos Estados, ao Distrito Federal e aos Municípios utilizar tributo com efeito de confisco".

Aliomar Baleeiro (199, p. 564) define como tributos confiscatórios aqueles que "absorvem parte considerável do valor da propriedade, aniquilam a empresa ou impedem exercício de atividade lícita e moral".

Assim, percebe-se que o princípio do não confisco impede que os entes tributantes utilizem o tributo como meio confiscatório, como forma de desapossar bem ou propriedade em proveito do Fisco, de esgotar a riqueza do indivíduo, destruindo-se a fonte de recursos ou ocasionando o sentimento de sujeição a uma penalidade no contribuinte, o que consubstanciaria violação à capacidade contributiva deste.

Este postulado encontra sua razão de existência no direito de propriedade, também garantido constitucionalmente. Ora, se os tributos em si já se consubstanciam em restrições ao direito de propriedade, é bem verdade que um preceito constitucional não pode negar vigência absoluta ao outro, devendo sempre haver a ponderação, de tal forma que os valores devem ser sopesados no caso concreto, permitindo a tributação conforme previsão legal, sem, contudo, anular a riqueza privada tão cara ao sistema capitalista.

Embora a Constituição não trace limites para o que se consideraria confisco, a doutrina tem seguido os critérios da razoabilidade e da proporcionalidade, sendo avaliada caso a caso a eventual violação ao princípio em questão.

1.3. REGRA-MATRIZ DE INCIDÊNCIA

A norma jurídica é a estrutura de significado composta por uma hipótese e por um consequente ou mandamento, que regula o comportamento humano no seio social. Em todos os ramos do Direito, há uma norma formada por um antecedente (estrutura hipotética condicional onde se tem a descrição do fato) e um consequente (prescrição de uma conduta), ligados pela lógica do *dever-ser*.

Nos ensinamentos de Paulo de Barros Carvalho (2007, p. 260-279), a regra-matriz de incidência tributária é, essencialmente, uma regra de comportamento, por seu propósito disciplinador da conduta do devedor da prestação fiscal em face do titular do crédito. A norma tributária define a incidência fiscal, sendo composta por uma hipótese, suposto ou antecedente (que traz a previsão de um fato), a que se conjuga um mandamento, uma consequência ou estatuição (prescreve a relação jurídica ou obrigação tributária que se vai instaurar onde e quando acontecer o fato cogitado no suposto).

Destarte, tem-se que a hipótese tributária ou hipótese de incidência tributária consiste em uma descrição contida na lei de uma situação necessária e suficiente ao nascimento de uma obrigação tributária. Essa hipótese tem uma função meramente descritiva de um fato de possível ocorrência que, uma vez acontecido, faz gerar uma obrigação jurídica tributária, em que um sujeito tem que pagar a outro uma determinada quantia em dinheiro. A hipótese tributária é composta por três elementos, a saber: material, espacial e temporal.

A seu turno, o consequente ou mandamento da norma jurídica tributária traz elementos pessoais (sujeito ativo e passivo) e quantitativos (base de cálculo e alíquota).

Assim, observe-se que o primeiro requisito para que a exação seja feita de forma constitucional, é a consignação na lei que institui o tributo desta estrutura da norma jurídica tributária, em respeito ao princípio da legalidade sob o seu aspecto da taxatividade.

É bom que se diga que essa estrutura não é unânime na doutrina, havendo autores, a exemplo de Geraldo Ataliba (2005, p. 80), que situam o critério pessoal na hipótese, e não no consequente da norma jurídica tributária. Contudo, para este trabalho, não haverá maiores consequências práticas em se adotar uma ou outra linha doutrinária.

1.3.1. Antecedente da norma tributária

Conforme adiantado linhas acima, a hipótese tributária é composta por três elementos: material, espacial e temporal, que serão analisados a seguir.

1.3.1.1. Aspecto material

Destrinchando a norma jurídica tributária, tem-se como primeiro elemento ou critério a materialidade da hipótese, que consiste no comportamento de uma pessoa física ou jurídica, trazido na lei sob a forma de um verbo associado a um complemento.

No que concerne às contribuições previdenciárias, a materialidade preconizada pela Constituição (art. 195) abrange, sob a perspectiva do tomador de serviços, o ato de *pagar* ou *creditar salários e demais rendimentos do trabalho*. Em contrapartida, a Carta Magna deixa implícito como aspecto material a ser observado pelo legislador infraconstitucional quando da criação do tributo, a conduta de *auferir* tais salários ou demais rendimentos do trabalho.

Assim, o texto constitucional traçou os limites dentro dos quais poderá o legislador atuar, fixando, ainda que genericamente, a materialidade da norma tributária. Cumpre transcrever, neste aspecto, as observações de Roque Carrazza (2007, p. 494-496) ao discorrer acerca dos "arquétipos" constitucionais:

> A Constituição, ao discriminar as competências tributárias, estabeleceu — ainda que, por vezes, de modo implícito e com certa margem de liberdade para o legislador — a *norma-padrão de incidência* (o *arquétipo*, a *regra-matriz*) de cada exação. Noutros termos, ela apontou a *hipótese de incidência possível*, o *sujeito ativo possível*, o *sujeito passivo possível*, a *base de cálculo possível* e a *alíquota possível*, das várias espécies e subespécies de tributos. Em síntese, o legislador, ao exercitar a competência tributária, deverá ser fiel à *norma-padrão de incidência* do tributo, pré-traçada na Constituição. O legislador (federal, estadual, municipal ou distrital), enquanto cria o tributo, não pode fugir deste arquétipo constitucional. (grifos do autor)

Visando à regulamentação das disposições constitucionais, a Lei n. 8.212/91, que instituiu o Plano de Custeio de Previdência, dispôs acerca das contribuições sociais a serem recolhidas pelas empresas e empregadores domésticos, que incidiriam sobre a remuneração paga ou creditada aos segurados a seu serviço, e pelos trabalhadores, que recairiam sobre o seu salário de contribuição.

Inicialmente, o art. 22[1] da lei ora em comento anunciava, tal qual a Constituição de 88, que a conduta tipificada como apta a gerar a obrigação tributária seria *pagar, creditar* ou *auferir* remuneração. Outrossim, observe-se que, também, o art. 28[2] estabelecia o sentido de *auferir* como *receber* ou *ter creditada* determinada importância a título de contraprestação pelos serviços prestados. Até então, percebe-se o perfeito exercício da competência constitucional da União, que atuou nos estreitos limites autorizados pela Constituição.

A própria Fazenda pública, confirmando os preceitos legais acima, elaborou a Ordem de Serviço Conjunta INSS/DAF/DSS n. 66, de 10 de outubro de 1997, que rezava, em seu item 12:

> O fato gerador da contribuição previdenciária é o **pagamento** de valores correspondentes a parcelas integrantes do salário de contribuição, à vista ou parcelado, resultante de sentença condenatória ou de conciliação homologada, efetivado diretamente ao credor ou mediante depósito da condenação para extinção do processo ou liberação de depósito judicial ao credor ou seu representante legal. (original sem grifos)

Não tardou, contudo, o despertar da fúria arrecadatória no Legislativo brasileiro. Com efeito, a Lei n. 9.528/97, estendeu sem lastro constitucional a materialidade da hipótese de incidência tributária para abranger, também, as condutas bilaterais de *dever e ser credor* de remuneração[3].

---

(1) Art. 22. A contribuição a cargo da empresa, destinada à Seguridade Social, além do disposto no art. 23, é de:
I — 20% (vinte por cento) sobre o total das remunerações pagas ou creditadas, a qualquer título, no decorrer do mês, aos segurados empregados, empresários, trabalhadores avulsos e autônomos que lhe prestem serviços;
II — para o financiamento da complementação das prestações por acidente do trabalho, dos seguintes percentuais, incidentes sobre o total das remunerações pagas ou creditadas, no decorrer do mês, aos segurados empregados e trabalhadores avulsos:
a) 1% (um por cento) para as empresas em cuja atividade preponderante o risco de acidentes do trabalho seja considerado leve;
b) 2% (dois por cento) para as empresas em cuja atividade preponderante esse risco seja considerado médio;
c) 3% (três por cento) para as empresas em cuja atividade preponderante esse risco seja considerado grave.
(2) Art. 28. Entende-se por salário de contribuição:
I — para o empregado e trabalhador avulso: a remuneração efetivamente recebida ou creditada a qualquer título, durante o mês em uma ou mais empresas, inclusive os ganhos habituais sob a forma de utilidades, ressalvado o disposto no § 8º e respeitados os limites dos §§ 3º, 4º e 5º deste artigo;
(3) Art. 22. A contribuição a cargo da empresa, destinada à Seguridade Social, além do disposto no art. 23, é de:
I — vinte por cento sobre o total das remunerações pagas, devidas ou creditadas a qualquer título, durante o mês, aos segurados empregados que lhe prestem serviços, destinadas a retribuir o trabalho, qualquer que seja a sua forma, inclusive as gorjetas, os ganhos habituais sob a forma de utilidades e os adiantamentos decorrentes de reajuste salarial, quer pelos serviços efetivamente prestados, quer pelo tempo à disposição do empregador ou tomador de serviços, nos termos da lei ou do contrato ou, ainda, de convenção ou acordo coletivo de trabalho ou sentença normativa.
II — para o financiamento dos benefícios concedidos em razão do grau de incidência de incapacidade laborativa decorrente dos riscos ambientais do trabalho, conforme dispuser o regulamento, nos seguintes

Nessa linha, visando a esclarecer o momento em que tais contribuições seriam consideradas devidas, a recente Lei n. 11.941, de 2009, incluiu ao art. 43 da Lei n. 8.212/91 o § 2º, que assim dispõe: "Considera-se ocorrido o fato gerador das contribuições sociais na data da prestação do serviço".

Então, doutrinadores de escol passaram a sustentar que o aspecto material da norma tributária seria a mera prestação do serviço ou o trânsito em julgado da sentença que condena ao pagamento de verbas trabalhistas consideradas salário de contribuição, pois, a partir daí, surgiria o dever de remunerar o trabalhador.

Neste aspecto, interessante a observação feita por Maria Cristina Peduzzi (2004, p. 26), que entende que a Carta Magna não admite a possibilidade de o comportamento tributável ser a prestação do serviço, ou seja, o próprio trabalho, já que se o fato gerador fosse a prestação de serviço, a pretensão arrecadadora seria levada ao absurdo de exigir a contribuição social inclusive sobre o trabalho voluntário.

Outrossim, tal interpretação, *data venia*, peca pela inversão lógica do Sistema Jurídico, segundo o qual as normas devem buscar seu fundamento de validade na Constituição, e não o contrário. A hermenêutica deve, destarte, partir do topo da pirâmide normativa no qual figura a Carta Magna.

Procedendo-se a uma interpretação gramatical e sistemática da Constituição, verificar-se-á que o legislador extravasou seus poderes de regrar as condutas abrangidas pela tributação.

Isto porque, a análise do vocábulo *pagar,* conforme o sentido atribuído por Aurélio Buarque de Holanda Ferreira (1975), permite inferir que o mesmo designa a atitude de *satisfazer* a dívida ou encargo, ao passo que *creditar,* significa *garantir, segurar* a obrigação. Ora, parece de clareza meridiana que o constituinte teve a intenção de tributar a efetiva demonstração de riqueza, sempre que a obrigação do tomador de serviços de remunerar seus operários fosse cumprida, quer pelo pagamento direto ou por meio de outra forma que implicasse a segurança do seu adimplemento.

Ao instituir como comportamento tributável o simples *dever* de remunerar, ou seja, a mera *obrigação de pagar,* o legislador infraconstitucional antecipou a formação do crédito de maneira aviltante aos princípios materiais do Constitucionalismo, concebidos por Canotilho (1998, p. 83) como a necessária "vinculação do Estado ao direito, reconhecimento e garantia de direitos fundamentais, não confusão de poderes e democracia", sendo a Constituição a "estrutura política conformadora do Estado".

---

percentuais, sobre o total das remunerações pagas ou creditadas, no decorrer do mês, aos segurados empregados e trabalhadores avulsos:

a) 1% (um por cento) para as empresas em cuja atividade preponderante o risco de acidentes do trabalho seja considerado leve;

b) 2% (dois por cento) para as empresas em cuja atividade preponderante esse risco seja considerado médio;

c) 3% (três por cento) para as empresas em cuja atividade preponderante esse risco seja considerado grave.

Com efeito, o Sistema Constitucional visa ao equilíbrio entre propriedade e tributação, evitando-se que uma se sobreponha a outra, seja em detrimento das liberdades individuais, seja em frustração aos objetivos sociais almejados pelo Estado.

Assim, em que pese a necessidade e legitimidade da tributação com vistas à efetivação das políticas públicas tão caras ao Estado Social, o constituinte limitou a atuação fiscal por princípios cujo fundamento maior de existência reside na dignidade da pessoa humana, quais sejam, a vedação ao confisco e a capacidade contributiva, amplamente discutidos linhas acima.

Especificamente no campo Previdenciário, regido pelo Princípio da Solidariedade, apenas poderia ajudar ao próximo aquele que demonstrasse condições de sustentar a si próprio. Somente nesta hipótese faria sentido a proteção do corpo social pelo indivíduo, aí se encontra a verdadeira equidade no custeio da Seguridade Social, constitucionalmente prevista no art. 194.

De maneira acertada, entendeu-se que a pressuposta capacidade para contribuir somente restaria configurada com a existência no indivíduo de uma base econômica apta a suportar o gravame. Neste sentido, apenas seria tributada a expressão econômica, a disponibilidade demonstrada com o efetivo adimplemento da obrigação trabalhista. A posição de devedor, em direção completamente oposta, denota a ausência de tal capacidade, o que poderia conduzir a uma tributação ineficaz, fadada ao fracasso, em função da total carência financeira do contribuinte.

Para o trabalhador, mais ainda mesquinha parece ser a cobrança de contribuição incidente sobre aquilo que sequer recebeu, gerando um verdadeiro confisco de verbas que seriam destinadas a sua própria subsistência. Embora não seja demonstrada disponibilidade financeira alguma, e ainda que esta carência econômica se dê por fato alheio à sua vontade, acima de tudo, deve contribuir. Se isto não fere os postulados básicos dos direitos humanos, nada mais fere.

Assim, ainda que alguns não visualizem a violação direta ao texto constitucional tal como ora defendida, inegável é a afronta direta aos seus princípios. E, neste aspecto, ainda maior é a ofensa ao Ordenamento Jurídico, conforme ensinamentos de Celso Antônio Bandeira de Mello (2007, p. 926):

> Violar um princípio é muito mais grave que transgredir uma norma qualquer. A desatenção ao princípio implica ofensa não apenas a um específico mandamento obrigatório, mas a todo o sistema de comandos. É a mais grave forma de ilegalidade ou inconstitucionalidade, conforme o escalão do princípio atingido, porque representa insurgência contra todo o sistema, subversão de seus valores fundamentais, contumélia irremissível a seu arcabouço lógico e corrosão de sua estrutura mestra.

Por todo o exposto, não há outra conclusão a que se possa chegar, senão entender que a materialidade da hipótese de incidência será o comportamento consubstanciado no pagamento ou no crédito de verbas trabalhistas de caráter salarial, independentemente de o mesmo ser feito espontaneamente ou em decorrência de sentença trabalhista transitada em julgado.

À Lei n. 8.212/91 e seus preceitos ora impugnados, propõe-se uma interpretação conforme a Constituição com redução de texto, para que sejam sanados os inconstitucionais excessos cometidos pelo legislador ordinário.

Cumpre observar, por fim, que a conduta legalmente prevista a impor a incidência tributária, no caso de contribuintes individuais remanesce sendo o pagamento ou crédito, já que a Lei n. 9.876/99, que acrescentou o inciso III ao art. 22 da Lei n. 8.212/91, não previu a possibilidade de remunerações meramente devidas ensejarem contribuições. Em respeito ao princípio da estrita legalidade que norteia o direito tributário, não há como se pensar na extensão desta materialidade.

1.3.1.2. Aspecto espacial

O critério espacial situa o local do comportamento, limitando geograficamente a materialidade da hipótese. Estabelece o lugar, o espaço em que a conduta, uma vez ocorrida, originará a obrigação tributária. Este critério espacial ora vem de forma explícita na lei, ora de forma implícita, por meio das regras de repartição de competência e circunscrição do ente tributante.

No caso das contribuições previdenciárias, o aspecto espacial será em qualquer local onde for praticado o comportamento de pagar, creditar ou auferir verbas remuneratórias, ainda que o fato se dê fora do território brasileiro, conforme disposições do art. 12 da Lei n. 8.212/91.

1.3.1.3. Aspecto temporal

O último critério da hipótese é o temporal, que fixa o instante, o momento em que o fato (conduta prescrita), uma vez ocorrido, faz nascer a obrigação tributária, não se confundindo, todavia, com a data do pagamento do tributo.

Este critério, por vezes, vem expresso na lei, como no caso do IPTU. Mas a norma jurídica tributária pode não fixar data, apenas estabelecendo um instante representado por um acontecimento no mundo fenomênico, a exemplo do momento da venda da mercadoria, que constitui o critério temporal da hipótese de incidência do ICMS.

No que concerne às contribuições previdenciárias, a lei não estipulou uma data em que a incidência ocorrerá, todavia, pode-se inferir que será o momento em que o comportamento previsto em lei se concretizar, ou seja, quando o tomador de serviços pagar ou creditar a remuneração e o trabalhador vier a auferi-la.

1.3.2. Fato gerador

A norma, cuja hipótese é constituída pelos três elementos acima abordados, pode incidir sobre um fato ocorrido no mundo fenomênico, tornando-o um fato jurídico, ou seja, que produz efeitos para o Direito.

O fato jurídico será caracterizado como tributário quando produzir efeitos relevantes para este ramo do Direito, dando origem a uma relação jurídica tributária, vínculo em que um sujeito tem o direito de cobrar de outrem o dever de entregar uma determinada quantia em dinheiro, um tributo.

Então este fato, jurisdicizado pela norma que sobre ele incide, e que tem o poder de originar a obrigação tributária com a sua ocorrência, é denominado fato jurídico tributário, fato gerador, ou fato imponível. O fato gerador nada mais é do que a concretização, do que a realização, do fato descrito na hipótese de incidência tributária; é o fato efetivamente acontecido, em determinado espaço e tempo, em absoluta identidade com o que foi descrito pela lei.

Ressalte-se que o fato ocorrido no mundo fenomênico apenas será tido como gerador se, e somente se, houver a absoluta conformidade, a inteira identidade entre este e a hipótese descrita na norma.

Esse fenômeno de tornar o fato jurídico, de torná-lo gerador, é o que a doutrina denomina de incidência tributária. A incidência tributária, portanto, consiste na subsunção, na adequação do fato à norma, e ocorrerá sempre que houver a rigorosa identidade entre ambas, fazendo nascer a obrigação tributária.

Em síntese, sendo a hipótese de incidência tributária a descrição do fato contido na lei, e o fato gerador a concretização da mesma, toda vez que restar ausente a conformidade de um de seus elementos, não haverá o fenômeno da incidência tributária, nem, consequentemente, existirá obrigação a ensejar o dever de um sujeito pagar a outro uma determinada quantia a título de tributo. A cobrança de tributos de pessoas que não praticaram o comportamento previsto em lei será, portanto, ilegítima.

A não incidência da norma tributária, destarte, ocorrerá quando o fato descrito no plano normativo não se operar no mundo fenomênico, ou, ainda que ocorrido, não houver a perfeita subsunção do mesmo à norma.

Em contrapartida, verificada a ocorrência do fato gerador, conforme situação previamente definida em lei, tem-se a formação do vínculo que une o credor ao devedor, qual seja a obrigação tributária fixada no consequente da regra-matriz de incidência.

1.3.3. Consequente da norma tributária

Nas lições de Pablo Stolze Gagliano e Rodolfo Pamplona Filho (2008, p. 15), "obrigação", em sentido amplo, pode ser entendida como a própria "relação jurídica pessoal por meio da qual uma parte (devedora) fica obrigada a cumprir, espontânea ou coativamente, uma prestação patrimonial em proveito da outra (credora)", marcada pela transitoriedade.

No campo do Direito Tributário, o que torna a obrigação peculiar é o seu objeto, que terá natureza tributária, podendo-se apresentar como obrigação de dar, fazer ou não fazer. O credor dessa obrigação é o Estado, sendo o sujeito passivo aquele que realiza o fato previsto em lei como necessário e suficiente para o surgimento da obrigação *ex lege*, que independe de sua manifestação de vontade.

Para o presente estudo, a obrigação que ganha relevância é a dita principal, ou seja, obrigação de dar marcadamente patrimonial que, nos termos do CTN, surge com a ocorrência do fato previamente descrito na lei (fato gerador), tendo por objeto o pagamento de tributo, e se extingue juntamente com o crédito dela decorrente.

Nessa linha, Luciano Amaro (2005, p. 251), bem sintetiza que o nascimento desta obrigação requer a ocorrência de um fato (legalmente qualificado) para que surja o dever jurídico (do sujeito passivo) de pagar o tributo em proveito do Estado ou de quem faça suas vezes (sujeito ativo).

Antes da ocorrência do fato gerador, portanto, não há que se falar em qualquer obrigação, em liame jurídico a vincular um indivíduo na condição de sujeito passivo ao Fisco, que ainda não poderá figurar na condição de credor de uma obrigação tributária. A cobrança de tributos pela Fazenda apenas se torna legítima após a concretização do fato previsto na norma jurídica.

Ressalte-se que, a partir da ocorrência da hipótese, nasce a relação jurídica tributária, que terá a descrição de seus elementos inserida no consequente ou mandamento da norma tributária. Assim, a previsão do comportamento de recolher quantias financeiras ao Estado, é composta por elementos pessoais e quantitativos, que serão analisados em seguida.

1.3.3.1. Aspecto pessoal

No critério pessoal do consequente, destacam-se os sujeitos ativo e passivo da relação jurídica.

Sujeito ativo é aquele que tem o direito subjetivo de exigir o adimplemento da obrigação tributária, é o credor. Ainda que o CTN, em seu art. 119, apenas mencione como tal as pessoas jurídicas de direito público titulares de competência para exigir o seu cumprimento, a doutrina tem ampliado o conceito para incluir outras pessoas jurídicas de direito público não dotadas de competência tributária e, também, pessoas jurídicas de direito privado.

Nessa linha, em que pese a indelegabilidade da competência tributária, ou seja, da aptidão de criar tributos em abstrato, há o fenômeno da parafiscalidade que ocorre quando a lei que institui o tributo denomina como sujeito ativo da relação tributária uma pessoa diversa daquela que possui competência para sobre o mesmo legislar, atribuindo-lhe capacidade de arrecadar e fiscalizar a exação. Delega-se, portanto, a capacidade tributária ativa, concedendo a pessoa jurídica de direito público ou privado a disponibilidade de recursos a serem utilizados nos seus objetivos peculiares.

É o que ocorre com a Secretaria da Receita Federal do Brasil responsável pela arrecadação, fiscalização lançamento e regulamentação do recolhimento das contribuições previdenciárias em estudo, conforme dispõe o art. 33, da Lei n. 8.212/91.

Cumpre observar, nas lições de Paulo Cesar Baria de Castilho (2005, p. 84), que não pode a Secretaria da Receita Federal instituir obrigações para o contribuinte, já que isto somente poderá ser feito por lei em respeito ao princípio da estrita legalidade tributária. Os atos normativos editados pela autarquia previdenciária apenas poderão explicitar o conteúdo da lei.

Por outro lado, o sujeito passivo da relação jurídica tributária será aquela pessoa física ou jurídica adstrita ao cumprimento da obrigação, que tem o dever de prestar o seu objeto, qual seja, o pagamento de tributo.

O sujeito passivo poderá ser o contribuinte, quando tiver relação pessoal e direta com a situação que constitua o respectivo fato gerador, de tal forma que arcará com a carga tributária aquele que realizar o fato gerador. Assim é que, contribuintes da Previdência serão os empregados, as empresas e entidades a estas equiparadas, bem como os trabalhadores, aí incluídos empregados, domésticos, avulsos ou autônomos.

Outrossim, poderá ser sujeito passivo a pessoa definida pela lei como responsável tributário, que será o não contribuinte que possui uma relação indireta com o fato imponível, cuja vinculação à relação jurídica decorre de expressa disposição de lei.

Pode-se utilizar o critério da capacidade econômica atingida para distinguir os responsáveis dos contribuintes das contribuições previdenciárias. Destarte, o terceiro considerado responsável recolherá o tributo sem, contudo, suportar a carga tributária com sua própria renda.

A responsabilidade pela retenção e recolhimento foi instituída pela Lei de Custeio da Previdência (art. 30) para as empresas e empregadores domésticos em relação aos seus empregados e avulsos. Todavia, desde 2003, com a edição da Lei n. 10.666 (art. 4º), a empresa tomadora de serviço passou a ser obrigada a reter a parte da contribuição devida pelo contribuinte individual que lhe prestou serviço.

Ao instituir a responsabilidade tributária, a Lei n. 8.212/91 excluiu a responsabilidade do contribuinte totalmente ou, quanto ao contribuinte individual, eximiu a responsabilidade no que se refere à parte que deverá ser retida. Desta forma, ainda que as contribuições não tenham sido efetivamente descontadas da remuneração dos trabalhadores, o INSS cobrará a dívida dos empregadores, empresas ou a estas equiparadas, conforme redação do art. 33, § 5º da lei em comento:

> O desconto de contribuição e de consignação legalmente autorizadas sempre se presume feito oportuna e regularmente pela empresa a isso obrigada, não lhe sendo lícito alegar omissão para se eximir do recolhimento, ficando diretamente responsável pela importância que deixou de receber ou arrecadou em desacordo com o disposto nesta Lei.

Ressalte-se que o não repasse à Previdência de contribuições efetivamente retidas constitui crime de apropriação indébita previdenciária, tipificado no art. 168-A do Código Penal.

1.3.3.2. Aspecto quantitativo

Ainda, compõe o consequente da regra matriz de incidência tributária o critério quantitativo, que constitui o objeto da prestação e é formado pela base de cálculo e pela alíquota. Estes elementos têm como função a determinação do *quantum debeatur*, exprimindo o valor pecuniário da dívida.

A base de cálculo, elemento essencial na identificação do tributo, é uma perspectiva dimensível da materialidade da hipótese de incidência tributária que converte a conduta em dinheiro, ou seja, é a medida legal da grandeza do fato gerador.

A remuneração pelo trabalho prestado constitui o salário de contribuição, representando a base de cálculo das contribuições em análise. Todavia, o conceito de remuneração e a sua abrangência serão determinados segundo a modalidade de relação de trabalho subjacente. Em síntese, pode-se dizer que as contribuições previdenciárias incidirão sobre as parcelas de natureza remuneratória.

Conforme já explicitado quando trabalhado o aspecto material da hipótese de incidência, o salário de contribuição do empregado e do avulso, originariamente, foi definido pelo art. 28 da Lei n. 8.212/91 como "a remuneração efetivamente recebida ou creditada, a qualquer título, durante o mês em uma ou mais empresas, inclusive os ganhos habituais sob a forma de utilidades".

Posteriormente, todavia, a Lei n. 9.528/97, inconstitucionalmente, alargou a base de cálculo para, também, abranger:

> A remuneração auferida em uma ou mais empresas, assim entendida a totalidade dos rendimentos pagos, devidos ou creditados a qualquer título, durante o mês, destinados a retribuir o trabalho, qualquer que seja a sua forma, inclusive as gorjetas, os ganhos habituais sob a forma de utilidades e os adiantamentos decorrentes de reajuste salarial, quer pelos serviços efetivamente prestados, quer pelo tempo à disposição do empregador ou tomador de serviços nos termos da lei ou do contrato ou, ainda, de convenção ou acordo coletivo de trabalho ou sentença normativa;

Por entender-se que tal extensão viola frontalmente preceitos e princípios constitucionais, defende-se que somente poderão ser considerados salário de contribuição os valores definidos em lei como tal, mas que tenham sido, efetivamente, pagos ou creditados aos trabalhadores.

Na relação de trabalho doméstico, será salário de contribuição a "remuneração registrada na Carteira de Trabalho e Previdência Social, observadas as normas a serem estabelecidas em regulamento para comprovação do vínculo empregatício e do valor da remuneração" (art. 28, II).

Por fim, no caso dos contribuintes individuais, ter-se-á por base "a remuneração auferida em uma ou mais empresas ou pelo exercício de sua atividade por conta própria, durante o mês" (art. 28, III).

Neste diapasão, o art. 28 da lei de Custeio de Previdência elenca as verbas que integram ou não a base de cálculo das contribuições previdenciárias.

Enquanto a base de cálculo revela a riqueza tributável, a alíquota indica a fração desta riqueza que será exigida pelo Fisco. Nas palavras de Geraldo Ataliba (2005, p. 113), a alíquota "se consubstancia na fixação de um critério indicativo de uma parte, fração — sob a forma de percentual, ou outra — da base imponível". Em regra, constitui-se em um percentual que é aplicado sobre o valor do montante da base de cálculo com o objetivo de estabelecer o valor devido a título de tributo.

Outrossim, a alíquota das contribuições previdenciárias será estabelecida em função do contribuinte.

Empregados, domésticos e avulsos, contribuirão a uma alíquota variável entre 8 e 11%, a depender da faixa de salário de contribuição na qual se encontre, ao passo que contribuintes individuais contribuem com 20% do salário de contribuição.

A contribuição patronal básica será de 20% sobre o salário de contribuição para empresas e equiparadas, bem como para empregadores, exceto os domésticos, cuja alíquota será de 12%.

Ademais, as pessoas que obtiverem prestação de serviço por parte de empregados ou avulsos deverão recolher a contribuição para o Seguro de Acidente de Trabalho (SAT), cuja alíquota será de 1, 2 ou 3% sobre o salário de contribuição, conforme o risco oferecido pela atividade preponderante da empresa. Haverá, também, um adicional, que configura uma contribuição para o custeio de aposentadorias especiais, de tal forma que as alíquotas atinentes ao SAT serão acrescidas de 12, 9 ou 6 pontos percentuais, se a atividade ensejar a concessão de aposentadoria após 15, 20 ou 25 anos de contribuição, respectivamente.

Cumpre ressaltar que o salário de contribuição dos segurados está limitado a determinados valores periodicamente revisados. Atualmente, conforme dados recolhidos no *site* do Ministério da Previdência Social, têm-se os valores indicados na tabela abaixo:

TABELA 1 — Tabela de contribuição dos segurados empregado, empregado doméstico e trabalhador avulso, para pagamento de remuneração a partir de 16.6.2010:

Salário de contribuição (R$)	Alíquota para fins de recolhimento ao INSS (%)
até R$ 1.040,22	8,00
De R$ 1.040,23 a R$ 1.733,70	9,00
De R$ 1.733,71 até R$ 3.467,40	11,00

Fonte: (MINISTÉRIO DA PREVIDÊNCIA SOCIAL, 2010)

Observe-se que o teto do salário de contribuição da tabela apenas se aplica aos segurados, não aos tomadores de serviço, com exceção do empregador doméstico. Outrossim, as alíquotas indicadas apenas se aplicam aos empregados, avulsos e domésticos.

1.4. O CRÉDITO

O CTN tratou do crédito tributário da forma mais incoerente possível. À primeira vista, dá a entender que a obrigação tributária representaria um momento inicial em relação ao crédito, já que este somente seria constituído mediante o procedimento administrativo de lançamento, conforme dá a entender o *caput* do art. 142.

Destarte, pretendeu o legislador separar a obrigação do crédito tributário, o que foi amplamente criticado por boa parte da doutrina, a exemplo do professor Paulo de Barros Carvalho (2007, p. 395-397):

> Ao direito subjetivo de que está investido o sujeito ativo de exigir o objeto, denominamos crédito. E ao dever jurídico (ou também dever subjetivo) que a ele se contrapõe, de prestar o objeto, designamos débito. Revela, por isso, inominável absurdo imaginar-se a obrigação sem crédito. [...] Nasce o crédito tributário no exato instante em que irrompe o laço obrigacional, isto é, ao acontecer, no espaço físico exterior em que se dão as condutas inter-humanas, aquele evento hipoteticamente descrito no suposto da regra-matriz de incidência tributária, mas desde que relatado em linguagem competente para identificá-lo.

Ora, o crédito nada mais é do que uma das facetas da obrigação, pelo que verdadeiro contrassenso seria imaginar a existência de uma obrigação desvinculada do mesmo. Foi o próprio legislador que, na disciplina da questão, traiu-se em diversos momentos e terminou por reconhecer a indissociabilidade entre tais conceitos, como no § 1º, do art. 150 do CTN, onde foi prevista a extinção do crédito antes mesmo do seu suposto nascimento com o lançamento.

Então, a maior parte da doutrina, na esteira de Luciano Amaro (2005, p. 333-342), entende que o crédito tributário se forma juntamente com a obrigação, mas, somente seria exigível a partir do lançamento tributário.

Cumpre, ainda, definir o que seria o lançamento tributário, conceito que é dado pelo CTN:

> Art. 142. Compete privativamente à autoridade administrativa constituir o crédito tributário pelo lançamento, assim entendido o procedimento administrativo tendente a verificar a ocorrência do fato gerador da obrigação correspondente, determinar a matéria tributável, calcular o montante do tributo devido, identificar o sujeito passivo e, sendo caso, propor a aplicação da penalidade cabível.
>
> P.u. A atividade administrativa de lançamento é vinculada e obrigatória, sob pena de responsabilidade funcional.

Conforme se depreende da leitura do artigo acima transcrito, o legislador entendeu como atividade indispensável o lançamento tributário, postura esta criticada pela doutrina. Isto porque como o lançamento apenas é feito pela autoridade administrativa, seria sempre preciso a intervenção estatal para que se dotasse o crédito de exigibilidade, gerando maior burocracia para tributos que poderiam ser simplesmente adimplidos pelos contribuintes.

Para sanar este impasse, fez-se necessária a previsão de três espécies de lançamento a seguir analisados.

A primeira modalidade seria o lançamento de ofício ou direto, que é efetuado pela autoridade administrativa competente, sem qualquer participação ou intervenção do contribuinte.

Como segunda espécie, tem-se o lançamento por declaração, feito com base na declaração do sujeito passivo ou de terceiro, que presta informações indispensáveis à sua efetivação.

Ainda, há o lançamento por homologação, que é aquele segundo o qual o recolhimento do tributo é exigível antes mesmo de qualquer ato praticado pela Administração, pois o pagamento deve ser efetuado independentemente da homologação do lançamento. Nestes casos, o lançamento apenas teria o objetivo de homologar ou não o pagamento, ainda que de forma tácita. Verificada que fosse a omissão do devedor no cumprimento de sua obrigação, qual seja, o pagamento do tributo, o Fisco procederia ao lançamento de ofício, sendo cominada penalidade pela inobservância dos preceitos legais.

Ressalte-se que o esgotamento do prazo para o adimplemento da obrigação resultará na inscrição do débito na dívida ativa e, consequentemente, na formação de um título executivo extrajudicial que possibilitará a execução. O art. 204 do CTN indica que a "dívida regularmente inscrita goza da presunção de certeza e liquidez e tem o efeito de prova pré-constituída", de tal forma que gozará de aptidão para ser judicialmente executada.

Todo este processo se dá, também, no caso das contribuições previdenciárias, que darão origem a um crédito em favor do Fisco quando do efetivo pagamento de verbas trabalhistas. Apenas, haverá especificidades quanto ao procedimento de lançamento e execução, conforme se trate de contribuições a serem executadas na Justiça Comum ou do Trabalho, o que será objeto de capítulo próprio neste trabalho.

Competência da justiça do trabalho em matéria previdenciária

Após se ter realizado, no capítulo anterior, o estudo das contribuições previdenciárias sob a óptica do direito constitucional tributário, é necessário que seja analisado como se dá o aporte de tais receitas para o Estado no que concerne à repartição constitucional de competência, o que se passará a expor nos tópicos seguintes.

2.1. PREVIDÊNCIA SOCIAL BRASILEIRA

A competência, hoje, constitucionalmente atribuída à Justiça Especializada para executar contribuições previdenciárias não lhe foi outorgada por acaso.

Com efeito, como se perceberá linhas adiante, as alterações constitucionais efetuadas na década de 90 apenas refletiram o contexto socioeconômico, bem como a situação da Previdência Social naquele momento histórico, representando verdadeira saída para o iminente colapso para o qual caminhava a Seguridade Social.

Como se verá, portanto, a trajetória da competência executória tributária no âmbito da Justiça Laboral, está intimamente atrelada à própria evolução da Previdência brasileira.

2.1.1. O nascimento da Previdência Social

Segundo Fábio Zambitte Ibrahim (2006, p. 40), o primeiro marco da história da Previdência brasileira foi o Decreto-Legislativo n. 4.682/23, conhecido como Lei Eloy Chaves, que instituiu as Caixas de Aposentadoria e Pensão (CAP's), inicialmente, para os funcionários do setor ferroviário. Posteriormente, este sistema de Caixas seria ampliado para outros ramos da atividade econômica.

As CAP's eram instituições criadas pelo Poder Público, possuindo, todavia, natureza jurídica de Pessoa Jurídica de Direito Privado, de tal forma que eram regidas pela iniciativa privada. Outrossim, eram organizadas sob o modelo de capitalização para cada empresa, sendo alimentadas por contribuições dos empregadores, dos operários e do governo.

Este sistema de Caixas, todavia, entrou em crise em função da dificuldade de pequenas empresas em manter o equilíbrio entre as contribuições e os benefícios concedidos, bem como devido à intensa corrupção.

Com a crise do Sistema de Caixas, já nos anos 30, houve a primeira reforma do Sistema Previdenciário brasileiro, sendo criado o Ministério do Trabalho, Indústria e Comércio, que ficaria responsável pela organização da Previdência. Gradualmente, o regime de Caixas foi sendo substituído por Institutos Públicos de Aposentadoria e Pensão (IAP's), autarquias resultantes da reunião das CAP's de mesma categoria profissional.

Em 1949, o governo editou o Regulamento Geral das CAP's restantes, que, em 1953, foram reunidas na Caixa Nacional, passando o regime a ser dividido em Caixa Nacional e IAP's.

Como segundo marco da Previdência no Brasil, tem-se a primeira Lei Orgânica da Previdência Social — LOPS, a Lei n. 3.807/60, que unificou todo o sistema, colocando os IAP's e a Caixa Nacional sob a mesma regulamentação. A partir da junção dos IAP's, com o Decreto-Lei n. 79/66, foi criado o Instituto Nacional de Previdência Social (INPS).

Ainda neste período, com a Lei n. 6.439/77, seria criado o Sistema Nacional de Previdência e Assistência Social (SINPAS), que possuía como órgãos a ele vinculados, entre outros, o INPS (responsável pela concessão e administração dos benefícios) e o Instituto de Administração Financeira da Previdência Social (IAPAS, responsável pela arrecadação, fiscalização e cobrança de contribuições e demais recursos). A Lei n. 8.029/90, a partir da unificação entre o INPS e o IAPAS, criou o Instituto Nacional do Seguro Social (INSS), responsável pela arrecadação de contribuições de empregados e empregadores incidentes sobre a folha de salários, sob a fiscalização da Secretaria da Receita Federal do Brasil, bem como pela concessão de benefícios previdenciários.

Com este processo de estatização da Previdência, passou-se do modelo de capitalização para o de repartição simples, no qual os trabalhadores da ativa contribuem para custear os benefícios dos inativos.

A partir deste escorço histórico, pode-se visualizar, portanto, a consolidação e o aperfeiçoamento do Sistema Previdenciário brasileiro, que seria tido como superavitário até então.

2.1.2. A crise do Sistema Previdenciário

Conforme restou consignado no tópico anterior, nas décadas de 70 e 80, a Previdência Social não apenas manteve seu equilíbrio financeiro e atuarial, como incrementou o seu aporte de receitas, expandindo o seu alcance tanto objetivamente (alcançando a oferta de mais benefícios) quanto subjetivamente (atendendo a um maior número de segurados). Assim, a proteção previdenciária foi estendida a uma base cada vez maior de segurados, visando à expansão da Previdência Social e ao atendimento do princípio da universalidade de cobertura e atendimento preceituado pela Constituição de 88.

Entretanto, contrariamente aos interesses dos segurados, as verbas arrecadadas foram sendo desviadas para financiar projetos do governo que não garantiriam o retorno para a Previdência, sendo, também, consumidas pela corrupção.

Até a década de 90, a arrecadação foi superavitária, de tal forma que este desvio não foi de logo sentido. Contudo, os gastos não tardariam a superar a arrecadação, passando o sistema a ser deficitário.

Segundo Milton José Nunes (2008), a crise da Previdência pode ser atribuída a um conjunto de fatores administrativos (como sonegação, fraudes, concessão de benefícios e má aplicação dos recursos arrecadados), conjunturais (a exemplo do aumento da economia informal e do desemprego) e estruturais (como o envelhecimento populacional decorrente do aumento da expectativa de vida e a queda da taxa de natalidade).

Nesse diapasão, o governo buscou saídas para a crise com reformas da Previdência Social. A mais marcante das modificações procedidas viria com a Emenda Constitucional n. 20/98, na qual se insere, particularmente, a atribuição da competência para execução das contribuições previdenciárias à Justiça do Trabalho.

2.2. A EVOLUÇÃO NORMATIVA DA COMPETÊNCIA TRABALHISTA PARA EXECUTAR CONTRIBUIÇÕES PREVIDENCIÁRIAS

O legislador brasileiro, obviamente, não poderia remanescer imune ao fantasma de crise previdenciária que ameaçava assolar o país em poucos anos se não fossem tomadas sérias medidas no sentido de sanar as fraquezas deste Sistema.

Assim, a partir da década de 80, foram iniciadas inúmeras alterações não apenas legais, mas também, constitucionais, visando à solução do problema. Entre as medidas adotadas, e a que realmente importa para o presente estudo, tem-se a atribuição de competência à Justiça Especializada para executar contribuições previdenciárias.

2.2.1. Na legislação:

Já em 1989, a Lei n. 7.787, em seu art. 12 previa que:

> Art. 12. Em caso de extinção de processos trabalhistas de qualquer natureza, inclusive a decorrente de acordo entre as partes, de que resultar pagamento de vencimentos, remuneração, salário e outros ganhos habituais do trabalhador, o recolhimento das contribuições devidas à Previdência Social será efetuado *incontinenti*.
>
> Parágrafo único. A autoridade judiciária velará pelo fiel cumprimento do disposto neste artigo.

Em 1990, o TST baixou o Provimento n. 1/90, determinando a observância da norma em comento. Assim, neste período, embora não houvesse ainda a competência executória de contribuições previdenciárias que possibilitasse a cobrança das mesmas na Justiça do Trabalho, o magistrado deveria velar pela observância da lei, verificando o respeito ao recolhimento dos tributos. Não cumprida tal obrigação legal, deveria o Juiz comunicar ao INSS, para que este procedesse à execução de seu crédito junto à Justiça Comum.

Posteriormente, a Lei n. 8.212/91, veio a disciplinar a matéria em seu art. 43, que praticamente recebeu a mesma redação da norma supracitada, e dispôs que, "em caso de extinção de processos trabalhistas de qualquer natureza, inclusive a decorrente de acordo entre as partes, de que resultar pagamento de remuneração ao segurado, o recolhimento das contribuições devidas à Seguridade Social será efetuado *incontinenti*".

Estes foram os primeiros preceitos legais a disciplinar a matéria que culminaria na competência executória da Justiça Laboral. É de se observar, todavia, nas lições de André Portella (2008)[4], que as redações de tais dispositivos careciam de maiores rigores técnicos diante da verdadeira ausência de delimitação dos deveres atribuídos ao Juiz trabalhista. Com efeito, o Magistrado deveria proceder ao recolhimento das contribuições *incontinenti*, velando pelo fiel cumprimento da lei, mas não lhe foi indicado o procedimento ou as medidas a serem utilizadas pelo Judiciário suficientes para satisfazer tal determinação legal. Segundo o autor, ainda, ter-se-ia ampliado demasiadamente as possibilidades existentes, já que qualquer extinção do processo conduziria à execução previdenciária, apenas exigindo-se como requisito o pagamento de remuneração ao reclamante.

Nesse ponto, a Lei n. 8.620/93 alterou a redação do art. 43 supra, acrescentando-lhe um parágrafo:

> Art. 43. Nas ações trabalhistas de que resultar o pagamento de direitos sujeitos à incidência de contribuição previdenciária, o juiz, sob pena de responsabilidade, determinará o imediato recolhimento das importâncias devidas à Seguridade Social. Parágrafo único. Nas sentenças judiciais ou nos acordos homologados em que não figurarem, discriminadamente, as parcelas legais relativas à contribuição previdenciária, esta incidirá sobre o valor total apurado em liquidação de sentença ou sobre o valor do acordo homologado.

Conforme se pode observar, a Lei n. 8.212/91 passou a prever a responsabilização do juiz que não determinasse "o imediato recolhimento das importâncias devidas à Seguridade Social". Portanto, não quitado o débito previdenciário espontaneamente, deveria o magistrado, sob pena de responsabilidade, proceder à comunicação do INSS para que este, se entendesse cabível, expedisse a Notificação de Lançamento de Débito (NFLD). Findo o procedimento administrativo, o débito não quitado seria inscrito

---

(4) Também disponível em: *Revista de Direito do Trabalho*, vol.: 130, ano 34, SP: RT, abril-junho 2008.

em Dívida Ativa da Fazenda Pública Federal, ensejando a execução, perante a Justiça Federal, das contribuições previdenciárias oriundas da decisão trabalhista.

Neste período, muito se discutiu acerca da constitucionalidade destes dispositivos, já que a Carta Magna de 88 não havia atribuído tal competência à Justiça do Trabalho para se imiscuir em questões eminentemente fiscais.

2.2.2. *Na Constituição de 88*

Para acabar com a polêmica ensejada pelas alterações procedidas nas normas infraconstitucionais, foi elaborada a Emenda Constitucional n. 20/98, visando a findar com a burocracia e enormes dispêndios com a execução previdenciária procedida nos moldes relatados no tópico anterior, possibilitando-se a maximização da arrecadação tributária em tempos de crise da Previdência.

Assim, houve uma evolução contínua na legislação, que culminou com a atribuição de competência à Justiça do Trabalho para executar de ofício as contribuições previdenciárias decorrentes de suas decisões, por meio do acréscimo do § 3º ao art. 114 da CF/88, determinando que: "compete ainda à Justiça do Trabalho executar, de ofício, as contribuições sociais previstas no art. 195, I, *a*, e II, e seus acréscimos legais, decorrentes das sentenças que proferir".

A partir de então, a simples remessa de informações ao INSS foi substituída pela efetiva execução, de ofício, das contribuições previdenciárias não recolhidas, espontaneamente, pelo devedor. Esta execução se processaria dentro da própria Justiça do Trabalho, suprimindo-se o procedimento administrativo anterior como suporte da execução.

Ao atribuir tal competência à Justiça Laboral, todavia, o constituinte derivado não o fez de maneira irrestrita. Nessa linha, o professor André Portella (2008) aponta três grupos de limitações impostas, que serão destrinchadas a seguir.

A primeira limitação seria atinente aos tributos que seriam objeto da execução, já que apenas as contribuições previdenciárias previstas no art. 195, I, *a*, e II, e seus acréscimos legais estariam abrangidas.

O art. 195 da Constituição dispõe que:

> A seguridade social será financiada por toda a sociedade, de forma direta e indireta, nos termos da lei, mediante recursos provenientes dos orçamentos da União, dos Estados, do Distrito Federal e dos Municípios, e das seguintes contribuições sociais:
>
> I — do empregador, da empresa e da entidade a ela equiparada na forma da lei, incidentes sobre:
>
> a) a folha de salários e demais rendimentos do trabalho pagos ou creditados, a qualquer título, à pessoa física que lhe preste serviço, mesmo sem vínculo empregatício;
>
> II — do trabalhador e dos demais segurados da previdência social, não incidindo contribuição sobre aposentadoria e pensão concedidas pelo regime geral de previdência social de que trata o art. 201;

Assim, as contribuições abrangidas pela competência executória trabalhista, a cargo do empregador, seriam apenas: a contribuição patronal básica (prevista no art. 22, I, da Lei n. 8.212/91), contribuição para o Seguro de Acidente de Trabalho e seu adicional (SAT, prevista no art. 22, II da mesma lei). Neste ponto, pede-se vênia para discordar do ilustre professor Portella, já que entende-se que o PIS/PASEP, por incidir sobre o faturamento, e as contribuições devidas ao sistema "S" não se incluem na competência trabalhista.

No que concerne a estas últimas, as contribuições para "terceiros", em que pese haver discussão doutrinária a respeito do tema, defende-se que não deverão ser executadas na Justiça do Trabalho. Isto porque, nos ensinamentos de Rodrigo Schwarz (2002, p. 34) e Paulo Castilho (2005, p. 75-76), embora incidentes sobre a folha de salários, não são receitas da seguridade social, mas serão destinadas às entidades privadas de serviço social e de formação profissional vinculadas ao sistema sindical, conforme preceituado no art. 240, da CF/88.

Outrossim, há as contribuições dos trabalhadores e demais segurados da Previdência Social, que também serão executadas na Justiça Especializada.

Outra restrição ao exercício da competência executória, estabelecida pelo § 3º acima transcrito, revela-se na determinação de que apenas serão executadas na Justiça do Trabalho as contribuições decorrentes das sentenças nela proferidas. Desta restrição, decorre outra, qual seja a própria competência material da Justiça do Trabalho, que, até então, apenas englobava lides entre empregadores e empregados; apenas excepcionalmente, havendo previsão legal, é que outras lides seriam apreciadas.

Cumpre ressaltar que, logo quando surgiu a Emenda Constitucional em comento, discutiu-se a autoaplicabilidade de seus mandamentos. Para acabar com a discussão, foi elaborada a Lei n. 10.035/00, que alterou a redação de alguns artigos da CLT, visando à regulamentação da execução do crédito previdenciário perante a Justiça do Trabalho.

Em 2004, a Emenda Constitucional n. 45 promoveu a reforma do Poder Judiciário e ampliou a competência da Justiça do Trabalho, o que trouxe consequências para a competência executória trabalhista.

Com efeito, o preceito contido no § 3º foi praticamente inalterado, apenas sendo deslocado para o inciso VIII do art. 114 da CF/88. Todavia, a expansão da competência material trabalhista, que agora passa a abranger todas as relações de trabalho e não apenas as de emprego, resultou na possibilidade de execução de contribuições previdenciárias de contribuintes individuais e tomadores de serviços, em geral.

2.3. ANÁLISE CRÍTICA DA COMPETÊNCIA DA JUSTIÇA DO TRABALHO PARA EXECUTAR CONTRIBUIÇÕES PREVIDENCIÁRIAS

Antonio Lamarca (1979, p. 2), em texto que impressiona pela sua atualidade, já nos idos da década de 70, propugnava pela atribuição de competência para a Justiça do Trabalho processar e julgar lides que, embora eminentemente de caráter fiscal, decorreriam de uma relação de trabalho. Assim dizia o autor:

> Por que razão o legislador ordinário não defere a uma Justiça semigratuita e perfeitamente aparelhada a resolução de conflitos de trabalho não resultantes de uma relação não empregatícia? **Por que a Justiça do Trabalho não pode decidir as lides consequentes aos acidentes de trabalho e à previdência social?** Há muito combatemos essa aparentemente inexplicável quebra de competência. A Justiça do Trabalho custa muito dinheiro aos cofres públicos, mas funciona melhor que qualquer outro setor do Judiciário brasileiro. Tanto isto é verdade que a Reforma Judiciária, de abril de 1977, praticamente não tocou nela. Seria razoável, portanto, que a ela se deferisse acompanhar toda a vida do trabalhador, em todos os aspectos ligados, direta ou indiretamente, ao trabalho. Não é assim, porém. (original sem grifos)

Nessa linha, Rodolfo Pamplona Filho (1998, p. 12-22) há muito visualizava a unicidade de bases históricas da qual emanaram o Direito do Trabalho e o Previdenciário, destacando como tal o capitalismo industrial e as reações subsequentes da classe operária. Partindo deste raciocínio, antes mesmo da promulgação da Emenda Constitucional n. 20/98, conclui o autor pela efetiva outorga de competência para a Justiça do Trabalho processar questões atinentes ao Direito Previdenciário, quando tais direitos fossem derivados da relação jurídica de trabalho, destacando a nota de acessoriedade gerada pela derivação.

Contudo, conforme visto acima, a atribuição de competência à Justiça do Trabalho para executar contribuições previdenciárias decorrentes das sentenças nela proferidas, em termos constitucionais expressos, somente se deu anos mais tarde, com a promulgação da Emenda n. 20/98. A alteração constitucional explica-se, acima de tudo, por ter o constituinte derivado nela visualizado a saída para a crise previdenciária que assombrava o País até então, com a consequente obtenção do tão almejado equilíbrio financeiro e atuarial do Sistema.

Destarte, foram adotados mecanismos para o aumento da arrecadação, transformando o Judiciário Trabalhista em um órgão a serviço desta atribuição estatal. Essa modificação, de fato, veio bem a calhar, tendo em vista a carência de pessoal pela qual passava (e ainda passa) o INSS para atender tantas demandas, fazendo com que muitas fontes potenciais de tributação passassem despercebidas, além de serem despendidos enormes gastos para a cobrança na regência do modelo anterior de execução previdenciária.

A Emenda n. 20/98, assim, teve o firme propósito de acelerar e baratear o recebimento dos créditos Previdenciários, maximizando a eficiência da exação. Nessa linha, os efeitos dessa alteração já começaram a ser sentidos, uma vez que, conforme balanço feito pelo presidente do Tribunal Superior do Trabalho, ministro Vantuil

Abdala, a Justiça do Trabalho arrecadou aos cofres da União R$ 1.836.720.929,90 apenas em 2004, sendo mais da metade desta arrecadação, R$ 962,8 milhões, provenientes das contribuições previdenciárias relativas às execuções de dívidas trabalhistas (TST, 2008).

Interessante observar que a competência ora analisada foi atribuída à Justiça do Trabalho exatamente quando esta se apresentava mais fragilizada pelos movimentos neoliberais que propugnavam pela sua extinção. Destarte, foi fortalecida a Justiça Especializada, uma vez que agora possui atribuição para resguardar direitos sociais que serão revertidos aos trabalhadores com a concessão de futuros benefícios previdenciários.

Em que pese os interesses sociais envolvidos na questão, não faltaram vozes a criticar e suscitar a inconstitucionalidade da Emenda n. 20, já que, com a execução de ofício, restaria malferida a separação dos poderes, a imparcialidade do juiz, bem como as garantias do devido processo legal, da ampla defesa e do contraditório. Nas palavras de Wagner Giglio (2001, p. 647):

> Em sua fúria desvairada de arrecadar fundos para a previdência social, o legislador desprezou princípios, criou atritos com outros preceitos constitucionais, atropelou o Direito e prejudicou de forma irreparável o funcionamento normal da Justiça do Trabalho, atribuindo-lhe funções administrativas de órgão auxiliar de autarquia, sem cuidar de lhe fornecer meios ou instrumentos para a missão totalmente estranha a seus propósitos e causando o desvio de finalidade precípua da execução trabalhista, que na prática deixou de ser a satisfação do direito reconhecido ao trabalhador e passou a ser o atendimento dos interesses da previdência social.

Apesar de doutrinadores de renome terem criticado as inovações feitas pelo constituinte derivado, uma análise mais detida do assunto permite perceber que as censuras carecem de fundamentos substanciais.

Inicialmente, não há que se falar em prejuízos aos interesses dos trabalhadores em função da maior demora no recebimento de seus créditos. Isto porque, conforme já explicitado anteriormente, o trabalhador será o maior beneficiado com o devido recolhimento das contribuições previdenciárias, uma vez que o equilíbrio das contas da Seguridade garantirá maiores e melhores benefícios, bem como, futuramente, poderá ocasionar a redução da carga tributária. Desta forma, são atendidos não apenas interesses da classe trabalhadora, mas de toda a sociedade que é onerada com uma exação aviltante se comparada com a de outros países.

Ademais, a questão da morosidade no recebimento das verbas salariais não é um problema causado, essencialmente, pela competência executória da Justiça Laboral, mas sim decorrente do procedimento adotado pela Lei n. 10.035/2000 que disciplinou a matéria, conforme restará comprovado no capítulo seguinte.

Tem-se falado, ainda, em violação ao princípio da separação dos poderes, já que o Judiciário teria passado a atuar como um órgão auxiliar do Fisco na arrecadação de contribuições previdenciárias.

A respeito do tema, interessantes são as lições de José Afonso da Silva (2005, p. 109):

> O princípio da separação de poderes já se encontra sugerido em Aristóteles, John Locke e Rousseau, que também conceberam uma doutrina de separação de poderes, que, afinal, veio a ser definida e divulgada por Montesquieu. [...] Hoje, o princípio não configura mais aquela rigidez de outrora. A ampliação das atividades do Estado contemporâneo impôs nova visão da teoria da separação de poderes e novas formas de relacionamento entre os órgãos legislativo e executivo e destes com o judiciário, tanto que atualmente se prefere falar em colaboração dos poderes, que é característica do parlamentarismo, [...] enquanto, no presidencialismo, desenvolveram-se as técnicas da independência orgânica e harmonia dos poderes.

Assim, no Estado Democrático de Direito, foi eleito como arma contra a tirania dos governantes, o modelo da divisão de poderes, de tal forma que são confiadas cada uma das funções de governo a diferentes órgãos ou poderes, quais sejam, Legislativo, Executivo e Judiciário. Atualmente, todavia, a divisão de poderes não é estanque, já que são permitidas interferências de um poder em outro visando ao aumento da eficiência no desempenho das atividades estatais.

Manoel Jorge e Silva Neto (2006, p. 206-207), a respeito do tema, entende ser politicamente necessário e socialmente indispensável a aproximação entre os órgãos que desempenham as funções estatais, de tal forma que foi necessária a relativização do princípio da indelegabilidade das funções do Estado, não mais se devendo cogitar de exclusividade no seu exercício.

Portanto, colaboração é a palavra-chave, e isso decorre até mesmo da unidade e indivisibilidade do poder político do Estado, devendo os três poderes constitucionalmente previstos agir em nome da coletividade. Destarte, perfeitamente possível é o auxílio do Judiciário no exercício da atividade arrecadatória estatal, ainda que esta seja uma função típica do Poder Administrativo.

No que concerne à possível quebra da imparcialidade do magistrado com a execução de ofício, cumpre observar que o mesmo apenas irá deflagrar, impulsionar e conduzir a execução nos moldes legais, o que não significa que atuará como parte no processo. Ensina Paulo Castilho (2005, p. 47) que a expressão *execução de ofício* deve ser entendida como a obrigação funcional do juiz de provocar o andamento da execução, e não de ser o exequente, de tal forma que haverá mero exercício de jurisdição, nos termos da lei.

Nesse sentido, são as lições de César Machado Júnior (2001, p. 166), para quem a execução de ofício apenas facilitará as atribuições do INSS, que continuará como parte da execução trabalhista e cuja participação continuará a ser indispensável, uma vez que somente este terá legitimidade para requerer providências em benefício do seu crédito.

Destarte, primou o constituinte derivado pela celeridade, pela economia processual e simplicidade das formas. Foram suprimidas formalidades que apenas serviam para retardar o cumprimento das obrigações previdenciárias, já que estas se formam como consectário lógico da concretização da hipótese legal, independentemente de requerimento ou mesmo da vontade das partes.

Outrossim, não há que se falar em afronta aos princípios do devido processo legal, da ampla defesa e do contraditório. A este respeito, de clareza meridiana são as lições de Sérgio Pinto Martins (2001, p. 26-27):

> Argumenta-se que poderia haver violação ao princípio do contraditório, pois somente na execução da contribuição é que a empresa se poderia manifestar sobre a exigência, e não na fase de conhecimento ou mediante impugnação administrativa. Entendo que não há violação ao citado princípio, pois o contraditório é observado no momento determinado pela legislação, que pode diferi-lo, como ocorre nas tutelas urgentes, como mandado de segurança, cautelares, tutelas antecipadas e específicas. Os momentos para exercitar o contraditório são quando da manifestação à conta de liquidação, da oposição de embargos do devedor pela empresa, que poderá impugnar a incidência da contribuição sobre essa ou outra rubrica, discutir o montante devido etc., embora não exista fase administrativa em que a contribuição social seria discutida.

Assim é que, observado o procedimento legalmente prefixado, estariam respeitados os princípios constitucionais em comento, bem como a inafastabilidade da Jurisdição.

Observa-se, portanto, que nada há de inconstitucional na atribuição pela Emenda Constitucional n. 20/98 de competência para a Justiça do Trabalho executar créditos previdenciários, sendo, muito pelo contrário, medida das mais salutares.

Execução das contribuições previdenciárias na justiça do trabalho

A Emenda Constitucional n. 20/98, como visto anteriormente, ampliou a competência da Justiça do Trabalho, possibilitando a execução de ofício das contribuições sociais previstas no art. 195, I, a e II da CF/88, bem como seus acréscimos legais, decorrentes das sentenças que proferir.

De início, houve verdadeira celeuma doutrinária acerca da autoaplicabilidade deste dispositivo constitucional. Para solucionar a questão, foi promulgada a Lei n. 10.035/2000, que alterou diversos dispositivos da CLT, visando à disciplina da execução das contribuições previdenciárias na Justiça do Trabalho. Mais tarde, a Lei n. 11.457/2007 traria novas alterações pontuais a este procedimento.

Nos tópicos seguintes será estudado o procedimento da execução fiscal na seara laboral fixado por tais diplomas legais.

3.1. DO TÍTULO EXECUTIVO

Propugna-se, neste trabalho, pela inconstitucionalidade da incidência de contribuições previdenciárias sobre remuneração meramente devida, de tal forma que o título executivo em favor do INSS apenas poderia ser formado em momento posterior ao efetivo pagamento de verbas salariais ao trabalhador.

Em que pese o entendimento ora adotado, a Lei n. 10.035/2000, lastreada na Lei de Custeio da Previdência e na atual redação de seus dispositivos, disciplinou a execução previdenciária sob a premissa de que o crédito previdenciário estaria formado desde o momento em que a remuneração do trabalhador se tornasse devida, quando então se constituiria a relação jurídica previdenciária de custeio.

Neste ponto, a doutrina se divide, havendo aqueles que consideram, na esteira de Carlos Castro e João Lazzari (2005, p. 375), que:

> Em se tratando de valores devidos em tempo pretérito (reconhecimento em Juízo, por sentença de mérito ou homologatória) o fato gerador da contribuição não é a sentença, mas o crédito devido ao segurado, desde a época do inadimplemento;

assim, haverá execução do valor das contribuições, acrescidas de juros moratórios e multa, em função da ocorrência do fato gerador (importância devida, ainda que não paga).

Outro segmento doutrinário, ao qual se filiam autores como Sérgio Luiz dos Santos Filho (2005, p. 30-31) e Marcio Ribeiro do Valle (2000, p. 707), ancorado no art. 276 do Regulamento da Previdência Social (Decreto n. 3.048/99) que determina o recolhimento das importâncias devidas à seguridade social até o dia 2 do mês seguinte ao da liquidação da sentença, vislumbra na prolação da sentença o momento em que a remuneração se tornaria judicialmente devida.

Pelas enormes injustiças que a primeira posição poderia gerar, a exemplo da cobrança de excessivos juros e multas que acompanhariam contribuições incidentes sobre verbas trabalhistas controvertidas, entende-se que o sistema normativo infraconstitucional deveria ter abraçado a segunda corrente, já que a espécie tributária em análise somente restaria indubitavelmente devida a partir da prolação da sentença ou de sua liquidação.

Contudo, não foi o que ocorreu. É que a Lei n. 11.941/2009, inseriu o § 3º ao art. 3º da Lei n. 8.212/91, com a seguinte redação:

> § 3º As contribuições sociais serão apuradas mês a mês, com referência ao período da prestação de serviços, mediante a aplicação de alíquotas, limites máximos do salário de contribuição e acréscimos legais moratórios vigentes relativamente a cada uma das competências abrangidas, devendo o recolhimento ser efetuado no mesmo prazo em que devam ser pagos os créditos encontrados em liquidação de sentença ou em acordo homologado, sendo que nesse último caso o recolhimento será feito em tantas parcelas quantas as previstas no acordo, nas mesmas datas em que sejam exigíveis e proporcionalmente a cada uma delas.

Nesse diapasão, o § 3º, do art. 832, da CLT preconiza que as decisões judiciais, sejam elas cognitivas ou homologatórias, deverão indicar a natureza jurídica das parcelas integrantes da condenação ou do acordo homologado, bem como o limite de responsabilidade de cada parte pelo recolhimento das contribuições previdenciárias.

A respeito da discriminação das verbas constantes do acordo ou da sentença, a União será intimada pessoalmente, para que, querendo, interponha recurso na qualidade de terceiro interessado. Inovando nesta matéria, a Lei n. 11.457/2007 adicionou o § 7º ao art. 832 da CLT, que traz a possibilidade de o Ministro de Estado da Fazenda "dispensar a manifestação da União nas decisões homologatórias de acordos em que o montante da parcela indenizatória envolvida ocasionar perda de escala decorrente da atuação do órgão jurídico".

Com a inclusão do § 3º pela Lei n. 10.035/2000, alguns autores, a exemplo de Sérgio Pinto Martins (2001, p. 37-39), passaram a defender que inexistiria título executivo, seja ele judicial ou extrajudicial, a embasar qualquer pretensão executória da União.

Esta apenas seria parte na execução, de tal forma que sua intervenção em momento a ela anterior, tal qual preconizado pelo art. 832 supracitado, justifica-se pelo quanto disposto na Lei n. 9.469/97, que, em seu art. 5º, autoriza a intervenção de pessoas jurídicas de direito público nas causas cuja decisão possa ter reflexos de natureza econômica.

A seu turno, Edilton Meireles (2000, p. 19-22), ensina que com o preceito normativo contido no § 3º do art. 832, o legislador terminou por criar um título executivo extrajudicial em favor do INSS, a ser proferido juntamente com a decisão jurisdicional acerca dos créditos trabalhistas. Este título executivo não teria, contudo, caráter jurisdicional, já que para tanto seria necessário que a autarquia previdenciária integrasse previamente a relação jurídica processual. Nas lições do referido autor:

> Tal decisão, em verdade, tem caráter meramente administrativo, igualando-se ao procedimento adotado pelos fiscais da previdência que lançam o crédito previdenciário para posterior registro na dívida ativa e extração da certidão respectiva [...]. Ela se equipara à decisão do juiz que, numa ação trabalhista, condena o vencido a pagar as custas processuais [...]. O juiz trabalhista, verificando o fato gerador da obrigação tributária previdenciária, deverá proceder no lançamento do crédito previdencial e expedir um título executivo administrativo equiparado à certidão da dívida ativa [...] Assim, ao fixar a responsabilidade ou mesmo o valor das contribuições previdenciárias, o juiz não estará sentenciando, isto é, exercendo sua função jurisdicional, "mas, sim — repetindo o que foi dito acima — apenas cumprindo com uma de suas muitas funções anômalas de cunho administrativo". [...] A expedição de certidão de dívida ativa será desnecessária para o ajuizamento da execução fiscal. Isso porque o § 3º do art. 114 da CF/88 diz que cabe à Justiça do Trabalho executar de ofício as contribuições previdenciárias decorrentes de suas sentenças.

Estas mesmas ideias são defendidas por Guilherme Guimarães Feliciano (2002, p. 54-56), para quem o título executivo fiscal, constituído pelo próprio órgão julgador, tem natureza meramente administrativa. O autor defende que o título seria judiciário, já que dimanado por autoridade judicial, porém só alcançaria o caráter jurisdicional, com força de coisa julgada, a partir de sua confirmação ou reforma em sede de embargos à execução ou de impugnação do exequente, de tal forma a se garantir a ampla defesa e o contraditório na relação jurídica processual previdenciária. Sob este prisma, justifica-se a norma contida no parágrafo único do art. 831 da CLT, que preconiza a recorribilidade da decisão apenas para a Previdência Social, embora transitada em julgado para as partes da relação jurídica processual trabalhista.

Destarte, tem entendido a maioria da doutrina que a decisão judicial que, indicando a natureza jurídica das parcelas integrantes da condenação ou do acordo homologado, determina o recolhimento da contribuição previdenciária em conformidade com os limites de responsabilidade na sentença indicados, consubstancia-se em verdadeiro lançamento tributário. Assim, consubstancia autêntico procedimento administrativo tendente a verificar a ocorrência do fato gerador, determinar a matéria tributável, calcular o montante do tributo devido, e identificar o sujeito passivo.

Nesse diapasão, verifica-se que a Lei n. 10.035/2000 alterou a própria modalidade de lançamento das contribuições previdenciárias. Isto porque, quando não decorrentes de sentenças trabalhistas, tais espécies tributárias deverão ser recolhidas antes mesmo de qualquer ato praticado pela Administração, o que configura o chamado lançamento por homologação. Na seara da Justiça do Trabalho, todavia, o lançamento passaria a ser feito de ofício, pela autoridade judicial no exercício de sua função administrativa.

Outrossim, é de se observar que a decisão judicial em comento constitui-se em título executivo extrajudicial apto a embasar a execução, que poderá ser líquido ou necessitar ser liquidado.

3.2. DA LIQUIDAÇÃO

Conforme preceituado no art. 586 do CPC, a execução apenas poderá fundar-se em título de obrigação certa, líquida e exigível, razão pela qual poderá se fazer necessária a fase de liquidação, que, no processo do trabalho, é tido pela maioria da doutrina, a exemplo de Bezerra Leite (2006, p. 803), Wagner Giglio e Cláudia Corrêa (2005, p. 501-502), como procedimento preliminar à execução.

A Lei n. 10.035/2000, ao disciplinar a liquidação e a execução das contribuições previdenciárias, objetivou dar maior celeridade a este procedimento, de tal forma que a liquidação deverá abranger não apenas os créditos trabalhistas, mas, também, o cálculo das contribuições previdenciárias devidas (§ 1º-A, art. 879, CLT).

Assim, havendo necessidade, proceder-se-á a liquidação do comando obrigacional contido na sentença, podendo se dar por cálculo, por arbitramento ou por artigos.

Segundo entendimento de Sérgio Pinto Martins (2001, p. 75), no caso das contribuições previdenciárias, especificamente, adotar-se-á a modalidade de liquidação por cálculo, que é aquela que ocorre quando a determinação do valor da condenação depender apenas de cálculo aritmético (art. 475-B, CPC), pois o crédito previdenciário apenas se sujeitará à existência do valor que é devido ao empregado.

Inicialmente, o Juiz deverá intimar as partes para que apresentem seus cálculos atinentes às verbas trabalhistas e previdenciárias, bem como de seus acessórios. Feitos os cálculos por uma ou ambas as partes, será oportunizada a contestação e procedida à intimação da União para manifestação no prazo de 10 dias, sob pena de preclusão (art. 879, § 3º, CLT). Após, o magistrado decidirá acerca dos cálculos de liquidação e eventuais impugnações.

Não apresentados os cálculos por qualquer das partes, o juiz determinará que os mesmos sejam elaborados por órgão auxiliar do juízo. Neste caso, elaborada a conta, o magistrado poderá abrir às partes prazo sucessivo de 10 dias para impugnação fundamentada com a indicação dos itens e valores objeto da discordância, sob pena de preclusão (art. 879, § 2º, CLT).

Como é de se observar, neste momento, o legislador concedeu ao magistrado a faculdade de abertura do prazo para impugnação, caso em que a doutrina tem entendido que ocorrerá preclusão para a posterior impugnação à sentença de liquidação prevista no art. 884, § 3º da CLT.

Todavia, adotando a segunda opção, poderá o juiz apenas homologar os cálculos, sem a abertura de prazo para impugnação às partes. Destarte, apenas será oportunizada a impugnação após a garantia da execução, em obediência ao quanto disposto no art. 884, § 3º, da CLT:

> Art. 884. Garantida a execução ou penhorados os bens, terá o executado 5 dias para apresentar embargos, cabendo igual prazo ao exequente para impugnação.
>
> [...]
>
> § 3º — Somente nos embargos à penhora poderá o executado impugnar a sentença de liquidação, cabendo ao exequente igual direito e no mesmo prazo.

De qualquer forma, seja a conta elaborada pela parte ou pelos órgãos auxiliares da Justiça do Trabalho, aberto prazo para impugnação das partes ou não, o juiz procederá à intimação da União para manifestação, no prazo de 10 dias, sob pena de preclusão, conforme determinado no art. 879, § 3º, da CLT.

Outrossim, adverte Sérgio Pinto Martins (2001, p. 76) que:

> Os cálculos de liquidação de sentença deverão consignar, mês a mês, os valores das bases de apuração da contribuição previdenciária a cargo da empresa, bem como os salários de contribuição e os valores das contribuições do segurado empregado, atualizando-os da mesma forma das verbas a serem pagas ao reclamante (art. 18 da Ordem de Serviço Conjunta n. 66, de 10.10.1997). A contribuição do empregado será calculada, mês a mês, aplicando-se as alíquotas referidas no art. 20 da lei n. 8.212, observado o limite máximo do salário de contribuição.

Assim, o cálculo das contribuições previdenciárias, ainda que decorrentes de sentenças trabalhistas, deverá respeitar o teto fixado para a base de cálculo daqueles contribuintes que a ele se submetem (conforme analisado no capítulo 1 supra).

Cumpre ressaltar, por fim, que a atualização do crédito devido à Previdência Social observará os critérios estabelecidos na legislação previdenciária (art. 879, § 4º da CLT).

3.3. DA EXECUÇÃO

Diante da obrigação previdenciária líquida, quer assim já emanada de sentença judicial ou obtida por meio de procedimento de liquidação, o devedor poderá proceder ao seu adimplemento imediato, sem prejuízo da cobrança de eventuais diferenças.

Não efetuado o pagamento espontaneamente, seguir-se-á a execução de ofício das contribuições devidas à Previdência Social em decorrência de decisão proferida pelos Juízes e Tribunais do Trabalho, resultantes de condenação ou homologação de acordo. Observe-se que este procedimento se dará simultaneamente à execução dos créditos trabalhistas e, no entendimento de Edilton Meireles (2000, p. 38), haverá plena autonomia entre os mesmos.

A execução, no processo do trabalho, é tida como fase e não como processo autônomo, pois tem como objetivo assegurar o quanto fixado em sentença ou o que fora acordado, abrangendo atos coativos para o cumprimento da decisão.

Impulsionada a execução, o magistrado providenciará para que o executado seja citado, para que cumpra a decisão judicial ou o quanto acordado no prazo, modo e sob as cominações fixadas. Tratando-se de obrigação de dar dinheiro, como é o caso das contribuições previdenciárias devidas à União, o devedor será citado para que pague dentro de 48 (quarenta e oito) horas ou garanta a execução, sob pena de penhora (art. 880, CLT).

Assim, o executado que não efetuar o pagamento, deverá proceder à garantia da execução, mediante depósito ou nomeando bens à penhora. Se não o fizer, terá seus bens penhorados até o limite da importância da condenação ou do quanto acordado.

Nessa linha, após restar garantida a execução ou penhorados os bens, poderá o executado apresentar embargos, bem como poderá o exequente efetuar impugnação à liquidação, no prazo de cinco dias, sendo tais impugnações, referentes aos créditos trabalhistas ou previdenciários, julgadas na mesma sentença.

Desta sentença, a parte poderá interpor agravo de petição. Se o agravo versar apenas sobre contribuições previdenciárias, o juiz determinará a extração de cópias das peças necessárias para que o recurso seja autuado em apartado, e, após contraminuta, serão remetidas à instância superior. Esta norma preconizada no § 8º, do art. 897, da CLT, visou à maior celeridade na execução do crédito trabalhista, que, com a execução paralela das contribuições sociais, já vem sofrendo com os atrasos desta decorrentes.

A respeito da possibilidade de separação das execuções trabalhistas e previdenciárias, leciona Alcides Otto Flinkerbusch (2006, p. 256) que, em verdade, foi instituído na Justiça Laboral "um processo novo, *sui generis*, de execução fiscal, autônomo em relação à execução dos créditos trabalhistas principais (pois as partes são diversas) e que se desenvolve paralelamente a esta, dela se desligando, contudo, quando necessário, como na hipótese contida no § 8º".

Quanto aos atos de encerramento da execução, aí englobadas a avaliação, a hasta pública, arrematação e adjudicação, não há maiores especificidades. Apenas, ressalte-se que a satisfação dos créditos trabalhistas prefere o adimplemento da obrigação fiscal junto à Fazenda Pública no procedimento de execução, conforme disposição do art. 186, do CTN.

Ao final do procedimento executório, serão recolhidas as contribuições previdenciárias "nas agências locais da Caixa Econômica Federal ou do Banco do Brasil S.A., por intermédio de documento de arrecadação da Previdência Social, dele se fazendo constar o número do processo" (art. 889-A, CLT).

Sendo "concedido parcelamento pela Secretaria da Receita Federal do Brasil, o devedor juntará aos autos a comprovação do ajuste, ficando a execução da contribuição social correspondente suspensa até a quitação de todas as parcelas" (art. 889-A, § 1º CLT). Deixando o executado de pagar as prestações do parcelamento efetuado, será retomada a execução.

Por fim, "as Varas do Trabalho encaminharão mensalmente à Secretaria da Receita Federal do Brasil informações sobre os recolhimentos efetivados nos autos, salvo se outro prazo for estabelecido em regulamento" (art. 889-A, § 2º, CLT). Quanto a este dispositivo, Sérgio Pinto Martins (2001, p. 91-92) tece as seguintes críticas:

> O mais certo não deveria ser a Vara do trabalho encaminhar ao INSS, mensalmente, as cópias das guias das contribuições recolhidas, mas a autarquia verificá-las nos autos ou o devedor envia-las para o INSS. O parágrafo não fixa o prazo para esse fim, que dependerá da previsão do regulamento. A lei pensa que a Justiça do Trabalho é ainda órgão administrativo do Poder Executivo. Outro problema será verba para que as varas encaminhem cópias das guias pertinentes, pois na maioria das varas ou prédios da Justiça do Trabalho não há xérox do próprio Poder Judiciário. Solução será o juiz determinar que a própria parte apresente a cópia do recolhimento para enviar ao INSS.

Este é o procedimento trazido pela Lei n. 10.035/2000 para a execução das contribuições previdenciárias na Justiça do Trabalho. Embora tenha tido grande utilidade para pôr fim ao problema da autoaplicabilidade da norma constitucional que inovou na repartição de jurisdição, encontra-se eivado de inúmeros defeitos, que serão mais detidamente analisados no tópico seguinte.

3.4. ANÁLISE CRÍTICA

Veio em boa hora a regulamentação da execução previdenciária na seara trabalhista, já que não só discutia-se a autoaplicabilidade do preceito constitucional que determinava a execução previdenciária de ofício na Justiça do Trabalho, mas, também, não havia consenso sobre que procedimento deveria ser adotado em uma matéria até então estranha à Jurisdição trabalhista. Contudo, a Lei n. 10.035/2000 e suas inovações foram amplamente criticadas pela doutrina em inúmeros aspectos.

Neste ponto, José Augusto Rodrigues Pinto (2006, p. 377-378) aponta os defeitos estruturais da lei em comento, já que não teria criado um procedimento específico e articulado para a execução fiscal, mas apenas espalhado enxertos no corpo da CLT sem rigores sistemáticos, o que exige do intérprete esforço e inteligência para dar uniformidade aos retalhos dela resultantes.

Ivan Alemão (2000, p. 22) também faz severas críticas à lei que regulamentou a execução das contribuições previdenciárias na Justiça do Trabalho:

> A intenção da Lei é regulamentar a execução do crédito previdenciário junto às reclamações trabalhistas. Essa Lei não tem muita conexão com a Lei das Comissões de Conciliação Prévia e do Rito Sumaríssimo, mas cria algumas distorções em relação a elas, tornando a CLT mais incoerente. Peca, ainda, pela burocratização e vai além da simples execução, dando competência ao juiz para constituir o crédito. Por fim, não resolve dúvidas importantes do dia a dia de quem milita na Justiça. Parece que o legislador não vem dando passos certos este ano, apesar de preocupado com a JT. Enquanto procura ser rígido, e até demais na cobrança do crédito previdenciário, por meio do processo do trabalho, permite por outro lado a criação de CCP, onde deixa flexível qualquer cobrança de INSS e IR. Parece que aquilo que até então ocorria na JT, ou seja, total negligência quanto ao crédito previdenciário, agora ocorrerá nas Comissões.

No que tange à matéria estudada neste trabalho, especificamente, cumpre observar que a lei se utilizou do princípio da simplicidade processual, preceituando a execução previdenciária, em regra, simultaneamente e nos mesmos autos da ação trabalhista. Em que pese a louvável intenção do legislador em arrecadar fundos para os cofres da Previdência da forma mais simples possível, tais modificações se deram em detrimento da unidade do Ordenamento Jurídico Brasileiro, que deve se guiar, primordialmente, pelos ditames constitucionais.

Como foi dito linhas acima, guiando-se pela Lei n. 8.212/91, o legislador lastreou todo o procedimento de execução previdenciária na premissa de que a materialidade da hipótese de incidência das contribuições seria o simples comportamento de dever o pagamento de verbas trabalhistas, antecipando a concretização do fato gerador constitucionalmente previsto como sendo o efetivo adimplemento da obrigação laboral.

Desta forma, em plena violação dos preceitos constitucionais, considerou-se a prolação da sentença o momento em que se tornaria devida a remuneração e, portanto, verificada a ocorrência do fato gerador da obrigação tributária.

A Lei n. 10.035 antecipou, assim, a formação do título executivo previdenciário, a liquidação e a própria execução de tais tributos em favor do Fisco. Constitucionalmente avaliando a questão, verifica-se o absurdo de se ter a execução de créditos que sequer foram formados, já que isto só poderia ocorrer após o cumprimento da obrigação trabalhista.

Outrossim, em verdadeiro prejuízo ao operário, foram unificados os procedimentos de liquidação e execução de verbas trabalhistas e previdenciárias, retardando-se, assim, o recebimento pelo trabalhador de seus créditos alimentares. E isto muito mais grave se torna, quando se percebe que é o processo do trabalho exatamente aquele cuja própria existência autônoma se justifica pela necessidade de um procedimento mais rápido e eficiente do que o adotado nas lides civis, garantido-se a proteção do hipossuficiente.

Ademais, entende-se que o constituinte derivado ao elaborar a Emenda Constitucional n. 20/98 que ampliou a competência executória da Justiça do Trabalho, não teve a intenção de atribuir ao magistrado o dever de proceder à liquidação de ofício dos julgados, dando aos órgãos auxiliares a atribuição de efetuar cálculos que são, eminentemente, da alçada da autarquia previdenciária. Não é outra a opinião de Castro e Lazzari (2005, p. 377), que ensinam:

> Com a promulgação da Emenda n. 20, de 15.12.98, não houve disciplinamento do procedimento, mas o texto pareceu suficientemente claro ao indicar que a competência da Justiça do Trabalho se iniciava na Execução — ou seja, haveria uma execução fiscal das contribuições, cujo juízo competente seria a Justiça do Trabalho. Como é posicionamento majoritário na doutrina, a liquidação do julgado antecede a execução, não fazendo parte desta. Assim, entendemos haver inconstitucionalidade no art. 879, §§ 1º-A, 1º-B e 3º, pois a competência inserta no art. 114 pela Emenda n. 20/98 não se estende ao procedimento de apuração dos créditos da Seguridade Social, este de atribuição exclusiva do Poder Executivo.

Assim, muito mais lógico e consentâneo com o Sistema Constitucional, com o Processo do Trabalho, e com a realidade de recursos humanos e financeiros da Justiça do Laboral, seria que a lei tivesse mantido a modalidade de lançamento por homologação para as contribuições previdenciárias decorrentes das sentenças proferidas na Justiça do Trabalho. Destarte, desde o momento do pagamento das verbas trabalhistas ao operário, restaria constituído o crédito tributário, que deveria ser recolhido aos cofres da Previdência independentemente de qualquer atitude do Fisco ou do magistrado.

Esta tese encontra-se em consonância até mesmo com a Súmula n. 401 do TST[5] (TRIBUNAL SUPERIOR DO TRABALHO, 2008), que entende serem devidos os descontos previdenciários e fiscais, ainda que tenha sido a sentença exequenda omissa sobre a questão.

---

(5) TST. Súmula n. 401. AÇÃO RESCISÓRIA. DESCONTOS LEGAIS. FASE DE EXECUÇÃO. SENTENÇA EXEQUENDA OMISSA. INEXISTÊNCIA DE OFENSA À COISA JULGADA (conversão da Orientação Jurisprudencial n. 81 da SBDI-2) — Res. n. 137/2005 — DJ 22, 23 e 24.8.2005. Os descontos previdenciários e fiscais devem ser efetuados pelo juízo executório, ainda que a sentença exequenda tenha sido omissa sobre a questão, dado o caráter de ordem pública ostentado pela norma que os disciplina. A ofensa à coisa julgada somente poderá ser caracterizada na hipótese de o título exequendo, expressamente, afastar a dedução dos valores a título de imposto de renda e de contribuição previdenciária. (ex-OJ n. 81 da SBDI-2 — inserida em 13.3.2002)

Nesse diapasão, notificado do adimplemento da obrigação trabalhista, caberia ao INSS efetuar os cálculos e verificar a eventual existência de crédito em seu favor, bem como se foram estes devidamente recolhidos ou não, uma vez que esta autarquia possui recursos humanos e materiais, bem como informações relevantes para o cumprimento deste mister.

Tratando-se de tributo sujeito ao lançamento por homologação, deveriam as contribuições ser recolhidas pelo sujeito passivo, independentemente de qualquer atuação estatal. E, conforme lições de Fábio Zambitte Ibrahim (2006, p. 309), caso fosse efetivamente encontrado algum débito, o mesmo seria objeto de lançamento de ofício feito pelo auditor, denominado notificação fiscal de lançamento de débito.

Destarte, perpassado todo o procedimento administrativo e não realizado o recolhimento do tributo, o débito seria inscrito na dívida ativa e gerada a certidão, que funcionaria como título executivo extrajudicial. Proceder-se-ia, então, à inscrição do débito na dívida ativa, e expedir-se-ia a respectiva certidão, que funcionaria como título executivo extrajudicial dotado de presunção relativa de certeza e liquidez, apto a ser executado na Justiça do Trabalho.

Advirta-se, ainda, na esteira dos ensinamentos de Castro e Lazzari (2005, p. 373), que a mencionada Lei terminou por invadir matéria atinente a lei complementar ao extirpar, da inscrição em Dívida Ativa, créditos tipicamente tributários.

Com efeito, o afã do Legislador em aumentar a arrecadação tributária terminou por suprimir a fase administrativa de discussão do débito fiscal, excluindo uma das etapas de defesa de que poderia lançar mão o contribuinte em sede de procedimento administrativo e que terminou por conduzir doutrinadores de escol a repudiar a execução previdenciária na Justiça do Trabalho em função da alegada ofensa ao princípio do contraditório.

Conforme defendido no capítulo precedente, não se vislumbra violação à ampla defesa ou ao contraditório com a supressão da fase administrativa, já que cabe à lei dispor acerca da matéria, sendo o respeito a tais princípios devidamente garantido no processo judicial. Todavia, não há que se olvidar o malferimento da lei complementar, qual seja, o CTN, que determina a prévia inscrição do débito na dívida ativa para que se possibilitasse a execução fiscal.

Assim, procedida à devida inscrição na dívida ativa, bastaria ao INSS comunicar tal fato ao magistrado do trabalho, para que este deflagrasse, de ofício, a execução previdenciária, observando-se os preceitos da CLT e, sendo esta omissa, adotar-se-iam as normas da Lei de Execuções Fiscais e da Lei n. 8.212/91.

O procedimento ora proposto, ainda, acalmaria as críticas levantadas por aqueles que visualizam na execução previdenciária de ofício, uma violação ao princípio da imparcialidade do juiz. Isto porque, mais do que nunca, a atuação do magistrado estaria restrita a deflagração do procedimento e à sua condução, elidindo qualquer suspeita de assunção da defesa do Fisco por parte daquele.

A conciliação judicial no processo trabalhista

A globalização e seus avanços trouxeram consigo a alteração da noção de tempo e espaço, atribuindo velocidade às relações socioeconômicas. Nesse contexto, visualiza-se a premente necessidade de aceleração na própria resolução dos conflitos interpessoais e da busca de meios alternativos à Jurisdição, já que a famigerada morosidade do procedimento judicial, decorrente não só da carência de recursos frente à imensidão de demandas, mas, também, do próprio formalismo ao qual o processo está adstrito, tornou-o insuficiente para atender às atuais necessidades sociais.

Assim, ressalta Elaine Nassif (2005, p. 31) a importância das formas alternativas à jurisdição, que podem ocorrer tanto fora quanto dentro do Poder Judiciário, como acontece com a conciliação judicial, em um verdadeiro movimento de informalização e flexibilização dos métodos de solução de conflito.

Nesse diapasão, antigos mecanismos de solução de conflitos foram verdadeiramente revigorados, entre os quais se destaca, a conciliação judicial.

4.1. ESCORÇO HISTÓRICO DA CONCILIAÇÃO

Como bem ensina Sérgio Pinto Martins (2005, p. 321), a palavra *conciliação* tem origem no termo latim *conciliare*, que significa acerto dos ânimos em choque. Desta forma, a conciliação destaca-se pelo seu escopo de obter a pacificação social entre os litigantes, que chegariam ao consenso entre elas próprias e não com a intervenção do Estado.

O meio conciliatório de resolução do conflito, nas lições de Mozart Victor Russomano (1983, p. 897), é tão velho quanto o próprio Direito, apresentando precedentes em Atenas, no direito germânico e sua "composição privada", bem como fora estimulado pela Igreja no período medieval.

No Brasil, conforme ensinamento de Wilson de Souza Campos Batalha (1977, p. 481):

> No tempo das Ordenações do Reino, constituía a conciliação formalidade indispensável ao processo. A Ordenação do Livro III, tít. XX, § 1º, estabelecia

claramente: 'E no começo da demanda dirá o juiz a ambas as partes, que antes que façam despesas, e sigam entre elas ódios e dissenções, se devem concordar, e não gastar suas fazendas por seguirem suas vontades, porque o vencimento da causa sempre é duvidoso. E isto, que dizemos, de reduzirem as partes a concórdia, não é de necessidade, mas somente de honestidade nos casos, em que o bem puderem fazer'.

A Constituição do Império, datada de 1824, também preceituava a conciliação em seu art. 161, que assim rezava: "Sem se fazer constar, que se tem intentado o meio de reconciliação, não se começará Processo algum".

Em um pequeno escorço histórico, Bezerra Leite (2006, p. 79) alude à prévia existência de fundamento expresso do princípio da conciliação a nortear, especificamente, a Justiça do Trabalho, nas Constituições de 1946 (art. 123), de 1967 (art. 134), de 1969 (art. 142), e na redação original do art. 114 da Constituição de 88. O autor, no que é seguido pela doutrina trabalhista, entende que, embora a Emenda Constitucional n. 45 tenha suprimido o termo *conciliar* das normas que tratam da competência da Justiça do Trabalho, o princípio continua existindo no plano infraconstitucional e remanesce perfeitamente compatível com a Ordem Constitucional.

Assim, verifica-se que a conciliação, muito mais que via de desafogamento do Poder Judiciário, sempre foi incentivada pelo Direito, tendo em vista o seu poder de gerar a solução do litígio mais consentânea com os interesses das partes, cumprindo de maneira muito mais eficiente o papel de pacificação social que a sentença imposta ao réu no processo.

Observe-se que a conciliabilidade não se restringe à seara laboral, sendo incentivada pelos mais diversos ramos do Direito, já que por meio dela as partes chegam a solução que entendem mais justa para o caso, aceitando-a muito mais facilmente. Com efeito, a conciliação reduz a probabilidade de novos conflitos surgirem entre os mesmos sujeitos, diferentemente da sentença judicial, que sempre deixa as marcas do inconformismo perante a parte sucumbente.

No ramo do Direito Processual do Trabalho, a conciliação ganha ainda maior relevância e incentivos da legislação. Como bem ensina José Augusto Rodrigues Pinto (2005, p. 74), a conciliação revela "um interesse público ostensivo, pois o dissídio trabalhista se caracteriza por uma intensa carga de tensão social, potenciada pela própria existência da ação. A negociação é meio para aplacar tais tensões, com a eliminação mais direta do choque".

Não é outra, aliás, a posição de Mozart Victor Russomano (1983, p. 826), para quem:

> É razoável, aliás, que os autores da lei se preocupem com a solução harmoniosa dos dissídios de trabalho. Se da luta de classes depende a existência do Estado; se os processos trabalhistas constituem o invólucro jurídico desse drama social

e econômico — o Estado tem o dever de entrar em cena, preferencialmente por intermédio dos órgãos da Justiça do Trabalho. E deve fazê-lo, democraticamente, não para absorver um litigante em benefício do outro — seja este o empregador, seja o empregado. Deve fazê-lo sempre que possível, em caráter conciliatório, recolocando a relação controvertida pelos litigantes nas seguras do entendimento perfeito. Só se forem inúteis todas as tentativas para uma solução pacífica da controvérsia é que se deverá admitir a transmutação do juízo conciliatório em arbitral.

Assim, diante da inegável relevância atual da conciliação para a resolução das lides trabalhistas, passar-se-á à análise dada pela legislação trabalhista ao tema.

4.2. O TRATAMENTO LEGAL

Amauri Mascaro Nascimento (2008, p. 13) classifica a conciliação em duas espécies: extrajudicial ou judicial. A primeira delas, segundo o autor, seria aquela anterior ao próprio ingresso da ação no Judiciário, normalmente colegiada por um órgão com atribuições para esse fim, sindical ou não. A seu turno, a conciliação judicial, no Brasil, corresponde a uma fase do processo perante o Judiciário, que pode ser realizada nos dissídios individuais ou nos dissídios coletivos.

Especificamente, no presente estudo, tratar-se-á da conciliação judicial em sede de dissídios individuais. Neste aspecto, a Consolidação das Leis do Trabalho, em seu art. 764, determina a necessária sujeição dos dissídios individuais à tentativa de conciliação, alçando a conciliabilidade a verdadeiro princípio do Direito Processual Trabalhista.

No intuito de que se chegue a uma solução conciliatória dos conflitos, foi atribuído aos magistrados o dever de empregar seus bons ofícios e persuasão. Inclusive, o Código de Processo Civil que, como é sabido, aplica-se subsidiariamente ao Processo Trabalhista, prescreve como deveres do juiz o zelo pela rápida solução do litígio, bem como a tentativa de conciliação das partes, a qualquer tempo (art. 125).

A CLT prevê, para os procedimentos comuns ordinário e sumário, dois momentos em que o magistrado, obrigatoriamente, deverá tentar conciliar as partes. A primeira tentativa se dará quando da abertura da audiência, antes de apresentada a defesa do Reclamado. A segunda ocorrerá após a exposição das razões finais, antes de ser proferida a decisão pelo magistrado.

Apesar de não existir cominação legal expressa, ensina Bezerra Leite (2006, p. 443) que o desrespeito ao preceptivo que ordena a realização das tentativas de conciliação conduz à nulidade absoluta dos atos processuais posteriores ao momento em que deveriam as mesmas ter sido propostas. No entendimento do referido autor, a nulidade ocorreria por ser a proposta de conciliação no processo trabalhista matéria de ordem pública.

A jurisprudência e a maior parte da doutrina (inclusive o autor supracitado), contudo, passaram a entender que a ausência da primeira proposta poderia ser sanada se efetivamente diligenciada a conciliação após as razões finais. Já a não realização da segunda tentativa, em função da supressão de formalidade essencial e violação do iter processual, consubstanciaria vício insanável.

Nesse sentido, José Augusto Rodrigues Pinto (2005, p. 440) entende que "a omissão da segunda tentativa, porém, mesmo que tenha ocorrido a primeira, torna inevitável a declaração de nulidade *ex officio*, exatamente pela subtração dos elementos concretos à avaliação dos dissidentes para rever sua postura inicial não conciliatória."

Data maxima venia, não parece que a razão se posta ao lado desta corrente. Com efeito, insurgindo-se contra tal doutrina, Sérgio Pinto Martins (2005, p. 323) aduz que:

> Acima de tudo, antes de ser proferido o julgamento, visa-se a conciliação entre as partes, mas se esta não for proposta ou não for alcançada não se poderá falar em nulidade, que só ocorre quando há manifesto prejuízo às partes. Não há como se verificar qual a proposta de acordo que seria mais importante, pois, de certa forma, ambas são importantes. Segundo a regra das nulidades, inexistindo prejuízo às partes, não há nulidade. [...] A lei não comina nulidade à ausência das tentativas de conciliação entre as partes. Podemos concluir, assim, que se trataria de mera irregularidade processual.

Não é outra a postura adotada por Giglio e Corrêa (2005, p. 210):

> A obrigatoriedade das tentativas de conciliação decorre exclusivamente da lei ordinária, a saber, do art. 764 da CLT, vez que o art. 114 da Constituição Federal já não se refere mais à conciliação. Assim, a falta da tentativa de acordo não ofende preceito constitucional, mas apenas descumpre o do art. 764 da Consolidação. Para que dessa irregularidade resultasse nulidade, porém, seria necessário que dela decorresse *manifesto prejuízo* às partes, como reza o art. 794 da CLT. Ora, parece-nos difícil divisar prejuízo no fato de ter sido julgada a reclamação e fixado o direito das partes. E ainda que prejuízo houvesse, jamais seria *manifesto*, pois nenhuma das partes poderia esperar que sua pretensão de acordo fosse aceita pela parte contrária [...] parece-nos que a falta de *qualquer* das propostas conciliatórias, ou de *ambas*, constitui mera irregularidade processual que não acarreta nulidade, pena que, aliás, não está prevista em lei. (grifos do autor)

No Tribunal Superior do Trabalho, inclusive, já existem decisões negando a nulidade da ausência da segunda tentativa, em respeito ao princípio da transcendência, já que não há nulidade sem o correspondente prejuízo manifesto aos interessados. Assim:

> CONCILIAÇÃO. AUSÊNCIA DE RENOVAÇÃO DA PROPOSTA. NULIDADE DA SENTENÇA. No processo do trabalho o juiz é obrigado a propor a conciliação antes e

renovar a proposta depois da instrução, por imperativo de ordem pública (arts. 847 e 850 da CLT). No entanto, a decretação de nulidade no processo trabalhista pressupõe prejuízo processual para a parte (art. 794 da CLT) e registro do inconformismo do litigante na primeira oportunidade em que lhe caiba pronunciar-se nos autos (arts. 794 e 795 da CLT). Não demonstrada a configuração de prejuízo e não arguindo o reclamado a nulidade, na primeira oportunidade que teve para se pronunciar nos autos após o fato do qual, segundo entende, ensejou a nulidade, não há de reconhecê-la. Recurso de Revista de que se conhece em parte e a que se nega provimento. (TST, RR — 61891/2002--900-16-00)

RECURSO DE REVISTA. PRELIMINAR DE NULIDADE PROCESSUAL. AUSÊNCIA DE RENOVAÇÃO DA PROPOSTA DE CONCILIAÇÃO. Ausente a alegada ofensa ao art. 850 da CLT, já que a renovação da proposta de conciliação não se configura essencial. Basta a primeira tentativa. Se houvesse interesse do Reclamado em conciliar, poderia fazê-lo a qualquer tempo (art. 764, § 3º, da CLT), o que, consoante o Regional, não foi manifestado. Divergência não demonstrada, por desatendidas as Súmulas ns. 296 e 337 do TST. Recurso de Revista não conhecido. PRELIMINAR DE ILEGITIMIDADE PASSIVA — A decisão do Regional está em conformidade com a OJ n. 92 da SBDI-1 do TST. Divergência não caracterizada, por força do disposto no § 4º do art. 896 da CLT. (TST, RR-52998/2002-900-16-00).

No procedimento sumaríssimo, a seu turno, apenas há um momento obrigatório para a tentativa de conciliação, qual seja, quando da abertura da audiência. Entretanto, a própria CLT menciona que em qualquer fase da audiência poderá ser dada solução conciliatória ao litígio (art. 852-E).

Outrossim, dispõe a CLT, no § 2º, do art. 764 que, "não havendo acordo, o juízo conciliatório converter-se-á obrigatoriamente em arbitral, proferindo decisão na forma prescrita neste Título."

Inicialmente, é de se ressaltar, na esteira de Antônio Lamarca (1982, p. 197) a impropriedade em que incorreu o legislador. Isto porque, não sendo composta a lide pela conciliação, o magistrado deverá proceder ao julgamento, vale dizer, exercer sua função jurisdicional. Há um equívoco na redação da norma, que determina a conversão do juízo conciliatório em *arbitral*, que nada tem a ver com a atividade jurisdicional do Estado.

Assim é que, não efetuada a conciliação, proceder-se-á à prolação da sentença pelo magistrado. Nas palavras de Mozart Victor Russomano (1983, p. 828):

Dissemos que a sentença é secundária, no sentido de constituir o segundo alvo no decurso do processo trabalhista. Podemos, também, dizer que, para a própria sociedade, *a conciliação é mais importante do que a sentença*, pois pela primeira se põe fim à controvérsia, com satisfação para os litigantes, pela vontade espontânea de ambos; pela segunda, se chega ao mesmo objetivo sacrificando, em nome do Direito, as pretensões de alguém, que se magoa e guarda, muitas vezes, sua insatisfação, sem esquecê-la no entanto. (grifos do autor)

Contudo, dada a relevância da conciliação judicial para o Processo do Trabalho, ainda que encerrado o juízo conciliatório, poderão as partes celebrar acordo que ponha termo ao processo (art. 764, § 3º, da CLT).

Lamarca há muito entende que (1982, p. 197) podem tais acordos se dar durante a fase de instrução, após a rejeição das propostas de conciliação, após a sentença e seu trânsito em julgado, durante a execução, enfim, a qualquer momento do processo.

Nessa linha, também depõe Mozart Russomano (1983, p. 829):

> A lei diz, apenas, que a conciliação será possível depois de encerrada a fase conciliatória. Portanto, mesmo depois de decidida a causa, ainda há oportunidade para se fazer o arranjo, antes da subida dos autos, o que é muito comum, pois a parte pode ter receio do reexame do caso em segunda instância. E mesmo depois que a decisão transitou em julgado ainda são muito comuns os acordos, por estranho que possa parecer. A conciliação sobrevém, nestes últimos casos, como o remédio preventivo dos males e dos riscos da execução de sentença.

E, para que não se diga que se trata de posicionamento ultrapassado, cita-se trecho da lavra de Sérgio Pinto Sérgio Pinto Martins (2005, p. 322):

> A qualquer tempo, é possível que as partes celebrem acordo, pondo fim ao processo, mesmo após o término da fase conciliatória, inclusive na execução. O juiz pode a qualquer tempo tentar a conciliação entre as partes (125, CPC), inclusive convertendo o julgamento em diligência para este fim. O inciso I do art. 599 do CPC permite que o juiz possa, em qualquer momento do processo, ordenar o comparecimento das partes, como para tentar conciliação entre elas.

Destarte, em qualquer fase do processo, ainda que transitada em julgado a sentença, ainda que em fase de execução, a legislação trabalhista estimula a resolução do conflito pelas próprias partes, que chegarão à conclusão do que lhes parece ser a decisão mais justa para o caso concreto.

Efetuada a conciliação, será lavrado termo, que deverá ser assinado pelo magistrado e pelos litigantes, no qual constarão o prazo e demais condições para seu cumprimento. Entre tais condições, "poderá ser estabelecida a de ficar a parte que não cumprir o acordo obrigada a satisfazer integralmente o pedido ou pagar uma indenização convencionada, sem prejuízo do cumprimento do acordo" (art. 846, § 2º, CLT).

O termo lavrado "valerá como decisão irrecorrível, salvo para a Previdência Social quanto às contribuições que lhe forem devidas" (art. 831, parágrafo único, CLT). Neste aspecto, entende o TST que apenas mediante ação rescisória poderão as partes impugnar este termo[6].

---

(6) TST. Súmula n. 259. TERMO DE CONCILIAÇÃO. AÇÃO RESCISÓRIA (mantida) — Res. n. 121/2003, DJ 19, 20 e 21.11.2003. Só por ação rescisória é impugnável o termo de conciliação previsto no parágrafo único do art. 831 da CLT.

A sentença que homologar a conciliação extinguirá o processo com resolução do mérito, consubstanciando-se em título executivo judicial, em consonância com o quanto disposto nos arts. 269, II, III e V, c/c 475-N, III e V, do CPC.

A homologação do acordo, contudo, poderá ser recusada pelo magistrado, *verbi gratia*, nos casos em que o mesmo verificar a ocorrência de fraude ou qualquer outro vício a inquinar a conciliação, desde que o faça fundamentadamente. Esta, inclusive, é a posição adotada pelo TST, na Súmula n. 418[7] e por Sérgio Pinto Martins (2005, p. 323):

> Se o acordo apresentar defeitos ou vícios, é evidente que o juiz poderá se negar a homologá-lo. Em outras circunstâncias, convencendo-se o juiz que as partes pretendam praticar ato simulado ou conseguir fim vedado por lei, o juiz extinguirá o processo sem julgamento do mérito, obstando o objetivo das partes (129, CPC). [...] O juiz, portanto, irá examinar a parte formal do acordo. Na homologação, o juiz deve também verificar se o acordo não contraria a lei, podendo não proceder à homologação, fundamentando sua decisão. A sentença de homologação extingue o processo com resolução do mérito (269, CPC).

Estando livre de vícios, contudo, o magistrado deverá proceder à homologação do acordo, chancelando o fim do litígio trabalhista.

4.3. A CONCILIAÇÃO EM FACE DA INDISPONIBILIDADE DOS DIREITOS TRABALHISTAS

A professora Roxana Borges (2005, p. 46-47) distingue a autonomia privada conforme a sua amplitude. Nessa linha, poder-se-ia concebê-la em um sentido amplo, cujo conceito coincidiria com a própria noção de liberdade jurídica, facultando-se ao indivíduo atuar dentro do círculo do não proibido. Por outro lado, ter-se-ia a o conceito de autonomia privada em sentido restrito, que corresponderia à liberdade negocial, enquanto poder atribuído pelo Ordenamento Jurídico para que o indivíduo possa regular suas próprias relações.

Esta liberdade negocial, contudo, não poderia ser exercida de forma ilimitada, já que no próprio Sistema Jurídico Brasileiro não há que se falar em direitos absolutos. Com efeito, no campo do Direito do Trabalho, as restrições à autonomia privada representam verdadeira garantia de respeito a outros direitos constitucionalmente assegurados ao trabalhador em decorrência dos avanços do Estado Social, tendo em vista o natural desequilíbrio de poderes existente na relação laboral.

---

(7) TST. Súmula n. 418. MANDADO DE SEGURANÇA VISANDO À CONCESSÃO DE LIMINAR OU HOMOLOGAÇÃO DE ACORDO (conversão das Orientações Jurisprudenciais ns. 120 e 141 da SBDI-2) — Res. n. 137/2005, DJ 22, 23 e 24.08.2005. A concessão de liminar ou a homologação de acordo constituem faculdade do juiz, inexistindo direito líquido e certo tutelável pela via do mandado de segurança. (ex-Ojs da SBDI-2 ns. 120 — DJ 11.8.2003 — e 141 — DJ 4.5.2004)

A respeito do tema, valiosas são as lições de Alcione Niederauer Correa (1974, p. 15 *apud* RODRIGUEZ, 1996, p. 79):

> Se é verdade que a liberdade jurídica pertence ontologicamente ao homem, não o é menos que o uso dessa liberdade deve ser limitado pelos interesses de outros homens e da própria organização social. É, aliás, na limitação da autonomia da vontade, que se constroem os pilares mais poderosos da garantia de liberdade para todos os que vivem em mútuas relações de dependência na vida social. É na limitação da autonomia individual que o Estado encontra o maior remédio para proteger o trabalho e, em consequência, a liberdade e a dignidade do seu prestador.

A priori, pareceria verdadeiramente paradoxal o incentivo à conciliação judicial no campo do Direito Processual do Trabalho, contudo, como quase tudo na ciência do Direito, a solução da questão apenas se posta na busca do ponto de equilíbrio entre dois valores juridicamente tutelados, quais sejam, a liberdade negocial e os direitos trabalhistas. Mais uma vez, mister se faz a ponderação de interesses, o que ratifica o entendimento de que não há direitos absolutos no Ordenamento Jurídico.

4.3.1. *Limitações à liberdade negocial no Direito do Trabalho*

O Direito Laboral apresenta como princípios basilares, a limitar a autonomia privada e o poder de disposição das partes contratantes da relação de trabalho, a imperatividade das normas trabalhistas e a indisponibilidade dos direitos do operário, preconizados pelos arts. 9º, 444 e 468 da CLT.

Quanto ao primeiro princípio, que trata da imperatividade das normas protetivas do trabalhador, ensina Godinho Delgado (2004a, p. 201) que implica a primazia de regras jurídicas imediatamente obrigatórias, em detrimento de regras apenas dispositivas, de tal forma que não podem, de maneira geral, ter sua regência contratual afastada pela simples manifestação da vontade das partes.

O segundo princípio refere-se à indisponibilidade dos direitos trabalhistas, sendo um consectário lógico do primeiro. Pode ser visualizado sob duas perspectivas: irrenunciabilidade ou intransigibilidade, conforme a disponibilidade de tais direitos se dê por meio de renúncia ou transação.

Destarte, prossegue Godinho, que a indisponibilidade traduz a impossibilidade de o operário despojar-se, por sua simples manifestação de vontade, das vantagens e proteções que lhe asseguram a ordem jurídica e o contrato.

Verifica-se, então, que a disponibilidade dos direitos trabalhistas deve ser restringida, até mesmo para que não se torne inócua a tutela do trabalhador estipulada de forma imperativa pelo Ordenamento Jurídico.

4.3.2. A ponderação dos valores: propostas para a solução da antinomia

Diante da existência destes princípios que permeiam o Direito do trabalho, torna-se difícil explicar a possibilidade de conciliação judicial no Processo do Trabalho, já que, nos ensinamentos de Valentin Carrion (2008, p. 577), a conciliação "é gênero de três espécies em que se subdivide: desistência (do direito, não apenas da ação, acrescentamos nós) pelo autor; acordo, que é a sub-rogação contratual da sentença, e o reconhecimento do direito do autor pelo réu (Carnelutti, Couture, *Estudius*)". Ou seja, efetivamente, na conciliação, ocorre a disponibilidade de direitos assegurados por normas cogentes trabalhistas.

A doutrina, então, passou a perquirir acerca dos fundamentos que permitiriam a disponibilidade, em sede de conciliação judicial, de direitos eminentemente indisponíveis, como os trabalhistas. Algumas soluções propostas serão analisadas nos tópicos seguintes.

4.3.2.1. Graus de indisposição das normas protetivas do trabalhador

Ensina Américo Plá Rodriguez (1996, p. 83) que raros autores, como "*De La Cueva* e, de forma menos enfática, *De Ferrari*, sustentam que a totalidade das normas trabalhistas são irrenunciáveis."

Com efeito, a simples existência da prescrição e da decadência denotam que a indisponibilidade dos direitos laborais não é sempre absoluta em no Ordenamento Jurídico pátrio. Assim é que diversos autores têm proposto a graduação dos direitos trabalhistas, conforme o nível de disponibilidade a que estariam sujeitos.

Nessa linha, Godinho Delgado (2004b, p. 91-92) leciona que:

> *Absoluta* será a indisponibilidade, do ponto de vista do Direito Individual do Trabalho, quando o direito enfocado merecer uma tutela de nível de interesse público, por traduzir um patamar civilizatório mínimo firmado pela sociedade política em um dado momento histórico. É o que ocorre, como já apontado, ilustrativamente, com o direito à assinatura de CTPS, ao salário mínimo, à incidência das normas de proteção à saúde e segurança do trabalho. Também será absoluta a indisponibilidade, sob a ótica do *Direito Individual* do Trabalho, quando o direito enfocado estiver protegido por norma de interesse abstrato da respectiva categoria. Esse último critério indica que a noção de indisponibilidade absoluta atinge, no contexto das relações bilaterais empregatícias (Direito Individual, pois), parcelas que poderiam, no contexto do Direito Coletivo do Trabalho, ser objeto de transação coletiva e, portanto, de modificação real. Noutras palavras: *a área de indisponibilidade absoluta no Direito Individual do Trabalho é, desse modo, mais ampla do que a área de indisponibilidade absoluta própria do Direito Coletivo. Relativa* será a indisponibilidade, do ponto de vista do Direito Individual do Trabalho, quando a vantagem jurídica enfocada

traduzir interesse individual ou bilateral simples, que não caracterize um padrão civilizatório geral mínimo firmado pela sociedade política, com a modalidade de salário paga ao empregado ao longo da relação de emprego [...]. (grifos do autor)

Também, Sérgio Pinto Martins (2006, p. 45-46) propõe a sua classificação das normas trabalhistas e, consequentemente, dos próprios direitos trabalhistas segundo o grau de disponibilidade dos mesmos.

Para o autor, as normas trabalhistas poderiam ser classificadas em normas de ordem pública absolutas ou relativas; normas dispositivas e normas autônomas. As normas de ordem pública absoluta seriam aquelas que não podem ser derrogadas por convenções, em que prepondera o interesse público sobre o individual (*verbi gratia*, normas que tratam da segurança e medicina do trabalho). As normas de ordem pública relativa, a seu turno, poderiam ser flexibilizadas, apesar de haver um interesse Estatal no seu cumprimento, como é o caso da possibilidade de redução dos salários por convenção. Normas dispositivas são aquelas sujeitas à autonomia da vontade, já que sobre elas recai um menor interesse do Estado, a exemplo do adicional de horas extras, que poderá ser estipulado em valor superior a 50%. Por fim, haveria as normas autônomas, em que o Estado não interfere estabelecendo regras de conduta, devendo apenas respeito às regras de ordem pública.

Assim, verifica-se que nem todos os direitos trabalhistas gozam de absoluta indisponibilidade, de tal forma que alguns deles estariam sujeitos à conciliação judicial, sem qualquer vício a inquinar o negócio.

4.3.2.2. Quanto ao momento da disposição

Outrossim, alguns autores defendem que o momento da disposição do direito trabalhista é de grande relevância para a determinação da validade do negócio.

Nessa linha, Arion Romita (2004, p. 649-746 *apud* NASSIF, 2005, p. 219) ensina que apenas são absolutamente indisponíveis os direitos da personalidade atribuídos pelo Ordenamento Jurídico ao Trabalhador, tais como, a honra, a intimidade, a segurança, a vida privada, ou imagem. No que tange aos direitos patrimoniais, estes são plenamente disponíveis após o término da relação de emprego, e relativamente indisponíveis durante a vigência do contrato de trabalho.

Aliás, é bom que se diga que, embora haja severas críticas da doutrina italiana, muitos doutrinadores têm defendido, como o autor acima citado, que a extinção do contrato de emprego é fator que deflagra a liberdade do trabalhador para dispor de seus direitos decorrentes do contrato de trabalho. Isto porque, a partir do término da relação de trabalho, não haveria que se falar em temor reverencial, no medo de se sofrer retaliações ou qualquer outro receio a viciar a vontade do hipossuficiente.

Valiosas, a respeito do tema, são as lições de Alcione Niederauer Correa (CORREA, 1974. p. 829 *apud* RODRIGUEZ, p. 98):

> Toda a justificação da indisponibilidade do direito parte de uma presunção legal no sentido de que, enquanto perdura a relação de emprego, pelo fato de se achar subordinado ao empregador e deste, na maioria dos casos, depender economicamente, o empregado se encontra sob coação. Já a situação do empregado que deixou o emprego, cujo contrato, por qualquer motivo, se extinguiu, deve ser considerado de maneira diversa. Pode-se mesmo afirmar que os possíveis créditos que tenham contra seu ex-empregador, passaram a integrar seu patrimônio e, como tal, são por ele disponíveis. Rompido o laço que o unia ao patrão, já fora dos limites da autoridade de quem o dirigia e subordinava, não se pode tê-lo, ainda, como um eterno coagido.

Assim, com a extinção do contrato de trabalho, e a consequente cessação da subordinação ou da dependência econômica do operário para com o tomador de serviços, os direitos daquele, que são juridicamente protegidos, passariam a ser dotados de uma expressão econômica, patrimonial, que permitiria atos de disposição. Nesse contexto, a conciliação judicial garante um espaço seguro para que o trabalhador, parte hipossuficiente da relação, possa negociar seus créditos frente ao empregador.

Nesse sentido, Sérgio Pinto Martins (2006, p. 64) reconhece a viabilidade de se dispor de direitos trabalhistas em sede de conciliação, já que, neste momento, em tese, não se poderia visualizar vício algum a inquinar a manifestação de vontade do trabalhador.

4.3.2.3. Da res dubia

Sob uma outra perspectiva, defende-se a possibilidade de conciliação judicial em função de os direitos pleiteados em juízo serem considerados *res dubia*. Isto porque, o simples fato de o reclamante ir a juízo postular o pagamento de determinadas verbas trabalhistas que se diz titular, não significa que, necessariamente, terá direito a todas as parcelas.

Diante da possibilidade de não lograr êxito integral ou parcial na sua demanda, a conciliação judicial, muitas vezes, apresenta-se muito mais vantajosa para o trabalhador que a prorrogação de um processo que poderá culminar com o reconhecimento da sua total ausência de créditos.

Assim, não se poderia dizer que a conciliação é sempre prejudicial ao trabalhador, já que, não raro, recebe mais do que o valor que lhe seria concedido por sentença judicial. Ademais, ainda quando venha a receber quantitativamente menos do que o provável valor da condenação, pode ser que não seja do seu interesse submeter-se à demora de um processo, bem como ao desgaste deste advindo, de tal forma que a conciliação judicial termina lhe sendo amplamente salutar.

4.3.2.4. O incentivo do Ordenamento Jurídico

Ainda, justifica-se a conciliação e, consequentemente, a possibilidade de renúncia ou transação, pelo próprio amparo que o Ordenamento Jurídico brasileiro lhe concede. Com efeito, a legislação não só autoriza, como tem incentivado a resolução dos conflitos por meio da conciliação judicial, realizada sob a vigilância da autoridade judicial.

A este respeito, discorre Américo Plá Rodriguez (1996, p. 110):

> Em todas as legislações se tem dado importância similar às tentativas de conciliação, as quais se tem procurado estimular de maneira diversa. Talvez se haja até supervalorizado o significado da conciliação. Com efeito, se bem que nos dissídios coletivos a conciliação deve ser encarada indubitavelmente como um bem a ser ambicionado, porque junto com o valor justiça está o valor paz, que neste âmbito possui grande relevância, na ordem dos conflitos individuais a conciliação deve ser encarada em muitos casos como um substitutivo prático da sentença. Já o qualificamos, algumas vezes, de um mal menor, porque costuma significar o sacrifício de uma aspiração de justiça com vistas a uma solução rápida e segura. Se houvesse a segurança de lograr de imediato uma sentença completamente justa, que desse a cada um o que lhe pertence, todos preferiríamos a sentença plenamente justa e instantânea. Precisamente porque não é possível alcançar esse ideal, é que surgiu a conciliação. Ou seja, em face da dificuldade em conseguir sempre uma justiça certa, pela inadequação dos meios de prova e de aproximação à verdade, e diante da impossibilidade de se lograr uma justiça oportuna pela lentidão dos procedimentos judiciais, almeja-se a conciliação como uma esperança de solução pronta e concreta, ainda que importe ela em renunciar à possibilidade de lograr tudo a que se cria ter direito.

Assim, conforme amplamente discutido em tópico anterior, o Processo do Trabalho é regido pelo princípio da conciliabilidade, de maneira que a norma consolidada, mais do que qualquer outra, estimula a conciliação judicial em qualquer fase do processo, ainda que após o trânsito em julgado da sentença trabalhista, quando não mais se terá *res dubia*, mas direito certificado.

O magistrado, diante de um negócio jurídico perfeitamente lícito e livre de vícios, portanto, não poderá deixar de homologá-lo para que produza seus efeitos de direito.

4.3.2.5. Síntese das propostas

Por tudo quanto foi dito nos tópicos anteriores, verifica-se que, mesmo sendo o Direito do Trabalho regido pelos princípios da imperatividade e da indisponibilidade, estes princípios sofrem larga mitigação, para se possibilitar a conciliação judicial, deveras valorada pelo legislador e pela própria sociedade brasileira.

Em resumo às ideias aqui expostas, Gustavo Cerqueira (1997, p. 189) leciona que:

> Ante a *res litigiosa* ou a *res dubia* concede-se às partes, como visto, extinguir ou prevenir a lide, mediante mútuas concessões, desde que tenham capacidade para firmar a transação e não se trate de direitos indisponíveis ou irrenunciáveis. É verdade que, em princípio, os direitos conferidos aos empregados são irrenunciáveis, quando da contratação ou no curso da execução do contrato, mas o mesmo não se pode sustentar no tocante ao período posterior à terminação do vínculo. Demonstrou-o, cabalmente, *Nylson Sepúlveda*, forte nos arts. 381, parágrafo único, 847, §§ 1º e 2º e 876 da Consolidação das Leis do Trabalho (porque todos eles, 'reportando-se a acordo, fazem implícita a possibilidade de concessões recíprocas — o que necessariamente implica a *renúncia a direito*") e nas lições dos mestres, de sorte a concluir que "abstraídos os circunlóquios em torno do tema, força é de convir que é da própria essência do acordo a renúncia a direito, e não há, em face do sistema, óbice algum para o empregado exercê-la quando da dissolução do vínculo'. (grifos do autor)

Ressalte-se, por fim, que a conciliação judicial, embora amplamente admitida no Direito brasileiro, estará sujeita a limitações inerentes a qualquer negócio jurídico, qual seja, a capacidade do agente, a licitude do objeto e a forma prescrita ou não defesa em lei. Nas palavras de Alice Monteiro de Barros (2008, p. 207), "comprovada a incapacidade mental da parte, a ponto de retirar-lhe a livre manifestação de vontade, a transação, se realizada, é nula, podendo ser atacada por ação rescisória. [...] O mesmo se dá com o acordo cujo objeto é fraudulento e atentatório aos cofres públicos".

Destarte, a manifestação de vontade no sentido de renunciar ou transigir acerca de direitos trabalhistas em sede de processo judicial apenas terá validade se estiver em consonância com a Constituição, com a lei, com a ordem pública, com a moral e os bons costumes.

Créditos previdenciários em face de acordos celebrados após a sentença trabalhista

Desde maio de 2007, vigora no País a Lei n. 11.457/07, que alterou diversos dispositivos da Consolidação das Leis do Trabalho. Notadamente, foi incluído pela referida lei o § 6º ao art. 832 da lei consolidada, que assim preceitua: "o acordo celebrado após o trânsito em julgado da sentença ou após a elaboração dos cálculos de liquidação de sentença não prejudicará os créditos da União".

Nitidamente, com este parágrafo, visou o legislador acabar com uma celeuma doutrinária e jurisprudencial existente até então. Isto porque, a magistratura e os doutrinadores trabalhistas discutiam se os acordos celebrados após o trânsito em julgado de sentenças proferidas na Justiça do Trabalho, fossem estas homologatórias ou condenatórias, teriam ou não aptidão para alterar (ou até mesmo aniquilar) a base de cálculo de incidência das contribuições previdenciárias.

Nessa linha, inúmeros tribunais que anteriormente pugnavam pela possibilidade de alteração da referida base imponível, passaram a adotar entendimento diametralmente oposto, para determinar a incidência tributária sobre as verbas salariais deferidas em sentença transitada em julgado, não sobre as parcelas constantes no acordo posteriormente celebrado.

Quanto ao tema, salutar é a transcrição de trecho do voto proferido pela desembargadora Elisa Amado do TRT da 5ª Região:

> Assim, embora anteriormente este órgão julgador tenha firmado o posicionamento no sentido de que a inclusão ou exclusão de quaisquer das parcelas da inicial no objeto do acordo é uma faculdade das partes acordantes, que podem transacionar para reduzi-las e até mesmo renunciá-las, pelo que o desconto previdenciário só deve incidir sobre as parcelas de natureza salarial efetivamente recebidas; **mudamos nosso entendimento, quando a homologação se deu posteriormente à vigência da lei em destaque, para concluir que, por expressa determinação legal, qual seja, o parágrafo sexto do art. 832 da CLT, introduzido pela Lei 11.457/2007, as partes não podem, em acordo celebrado após sentença transitada em julgado, transacionar acerca das parcelas deferidas na sentença de forma que interfira nos créditos da Autarquia Federal.** (TRT — 5ª Região, Agravo de Petição n. 00485-2007-196-05-00-0-AP) (original sem grifos)

Permissa venia, não se pode corroborar com esta nova postura adotada pelos tribunais, pelo que se passará a propor a verdadeira interpretação que deve ser dada a este novo dispositivo, de modo a que o mesmo não seja reputado por inconstitucional.

5.1. INTERPRETAÇÃO DO § 6º DO ART. 832 DA CLT

Como tratado linhas acima, os tribunais vêm adotando postura que vai de encontro aos princípios basilares do Direito na interpretação do novel § 6º do art. 832 da lei consolidada, o que tem conduzido a verdadeiras injustiças e enriquecimento ilícito do Fisco.

Com efeito, a hermenêutica do Sistema Jurídico leva a defender-se, por ora, que os créditos previdenciários deverão ser efetivamente protegidos, como, aliás, ocorre com qualquer direito juridicamente tutelado.

Destarte, inconcebível seria que se autorizasse a disposição pelos litigantes, ainda que em sede de processo trabalhista e por meio da conciliação judicial, dos direitos ou créditos de terceiros, no caso, da Fazenda Pública, em detrimento de todo o interesse público envolvido na questão.

É neste sentido que "o acordo celebrado após o trânsito em julgado da sentença ou após a elaboração dos cálculos de liquidação de sentença não prejudicará os créditos da União".

Até este ponto, não há divergência na concepção do dispositivo em comento. Contudo, a interpretação que se passará a defender, talvez por sua obviedade e simplicidade, não tem sido propugnada com frequência pelos juristas pátrios.

De fato, a única interpretação conforme o Ordenamento Jurídico brasileiro que deve ser dada a este preceito é aquela já garantida pelo próprio Código Tributário Nacional, em seu art. 123, segundo o qual convenções particulares não podem ser opostas à Fazenda Pública.

Não há nada de tão inovador, portanto, na norma em questão, já que a mesma apenas objetivaria evitar que as partes convencionassem a não incidência tributária, quando ocorrido o fato gerador da obrigação tributária. Tal dispositivo decorre da própria regra geral de Direito de que não é dado às partes se evadirem de normas de ordem pública de aplicação cogente, sob pena de restar configurada a evasão fiscal.

Observe-se, ainda, que tal proteção aos créditos previdenciários se dará não apenas após o trânsito em julgado da sentença trabalhista, como preconiza a norma, mas a qualquer tempo, dentro ou fora do processo judicial, já que é regra básica do Direito a indisponibilidade de créditos de terceiros, independentemente do momento em que se dê.

Contudo, o que ora se defende, e nisso se destoa da maioria dos juristas, é que tal proteção aos créditos fiscais apenas seria deflagrada após a devida constituição deste direito, com o adimplemento da obrigação trabalhista. Isto porque em momento anterior à satisfação dos créditos do trabalhador somente há mera expectativa de direitos da Previdência, que não poderia constituir óbice à liberdade negocial das partes, como alguns têm defendido de maneira equivocada.

Observe-se que, em que pese, notoriamente, não ter sido esta a *mens legislatoris*, não se poderia dar guarida à vontade dos representantes do povo, quando esta se encontra em confronto com todo o Sistema Constitucional posto. Pelo que, não há outra interpretação a ser dada ao preceito em estudo, senão a que ora se propõe.

O entendimento ora esposado é corroborado por inúmeros fundamentos jurídicos que serão trabalhados mais detidamente nos tópicos a seguir.

5.1.1. Das razões Constitucionais

Como é sabido, o Ordenamento Jurídico brasileiro está calcado na supremacia das normas constitucionais, bem como na presunção de constitucionalidade das leis editadas pelo Poder Público competente. Destarte, por um imperativo lógico, na interpretação de uma norma com várias significações possíveis, deve-se dar preferência ao sentido adequado à Constituição.

Entender-se, como a maioria da doutrina e da jurisprudência tem feito, que o dispositivo em questão visou à resguardar os créditos da União, formados desde a sentença, constitui verdadeiro vilipêndio às normas e princípios constitucionais.

5.1.1.1. Hipótese de incidência tributária na literalidade da Constituição

Conforme amplamente discutido nos capítulos antecedentes deste trabalho, a Carta Magna de 88 determina que a competência trabalhista para executar as contribuições sociais restringe-se àquelas previstas nos arts. 195, I, *a*, e II, decorrentes das sentenças que forem nesta seara proferidas.

A seu turno, o art. 195 deixa claro que a incidência tributária somente se procederia sobre as parcelas salariais efetivamente pagas ou creditadas ao trabalhador, ainda que decorrentes de sentença condenatória ou acordo homologado.

Assim, a materialidade preconizada pela Constituição abrange, sob a perspectiva do tomador de serviços, o ato de *pagar* ou *creditar salários e demais rendimentos do trabalho*. Em contrapartida, o diploma constitucional deixa implícito como aspecto material a ser observado pelo legislador infraconstitucional quando da criação do tributo, a conduta de *auferir* tais salários ou demais rendimentos do trabalho.

A interpretação gramatical e sistemática da Constituição, feita a partir da análise do vocábulo *pagar,* permite inferir que o mesmo designa a atitude de *satisfazer* a dívida ou encargo, ao passo que *creditar*, significa *garantir, segurar* a obrigação. Ora, parece de clareza meridiana que o constituinte teve a intenção de tributar a efetiva demonstração de riqueza, sempre que a obrigação do tomador de serviços de remunerar seus operários fosse cumprida, quer pelo pagamento direto ou por meio de outra forma que implicasse a segurança do seu adimplemento.

A respeito do assunto, interessantes são as palavras de Antoniel Avelino e Maria Inês Targa (2002, p. 41):

> Apenas quando ingressa no patrimônio do exequente o bem ou seu valor é que se tem como quitada a obrigação trabalhista, a ensejar a ocorrência do fato gerador da contribuição previdenciária, a partir deste momento incidente. Resumindo, não tendo havido pagamento pelo executado, com o correspondente recebimento efetivo do valor pelo exequente, não são devidas contribuições previdenciárias.

O texto constitucional, portanto, traçou os limites dentro dos quais poderá o legislador atuar, fixando, ainda que genericamente, a materialidade da norma tributária. Nesse diapasão, o reconhecimento de que a incidência tributária se daria sobre as parcelas salariais meramente devidas em decorrência da sentença transitada em julgado, ainda que não cheguem a ser adimplidas em virtude da realização da conciliação judicial, constitui verdadeiro alargamento da base de cálculo e antecipação do fato gerador, o que é flagrantemente inconstitucional.

E nem se diga que a própria Constituição, ao determinar a execução de contribuições previdenciárias *decorrentes* das sentenças que proferir teria autorizado a formação do crédito tributário em momento anterior ao pagamento das verbas salariais.

Sobre o assunto, Reginaldo Melhado (2005, p. 314 *apud* PAMPLONA FILHO, 2008) bem distingue os significados das palavras *decorrer* e *originar*:

> [...] Que diferença há entre os vocábulos *oriundo* e *decorrente*? Lexicologicamente, '*oriundo*' tem o sentido de *originário, natural*. A raiz latina da palavra guarda alguma relação com '*oriente*' (*oriens, orientis*), que designa a nascente do sol (oriente é o leste, a parte do céu onde nasce o Sol). O adjetivo '*decorrente*' significa aquilo *que decorre, que se origina.* (grifos do autor)

Ora, como bem ensina o autor, o vocábulo *decorrer*, denota uma relação mediata, indireta. No caso específico, os tributos em estudo são devidos em decorrência da sentença, mas isso não quer dizer que nela se originem, que o vínculo obrigacional surja no exato momento da sua prolação pelo magistrado.

Em verdade, a incidência tributária apenas guarda com a sentença uma relação indireta, já que sem esta não ocorreria o pagamento dos tributos, fato constitucionalmente previsto como apto a originar, de forma imediata, a obrigação previdenciária.

5.1.1.2. Principiologia constitucional

Ainda que nem todos visualizem a violação direta ao texto constitucional em se conceber a formação do crédito previdenciário desde a prolação da sentença, incontestável é a afronta direta aos princípios basilares da Constituição.

Inicialmente, cumpre fazer referência ao princípio da legalidade, consectário lógico da segurança jurídica e do direito de propriedade, preceito da liberdade jurídica, direito fundamental expressamente garantido a todas as pessoas, cujo conteúdo veda a exigência de tributos sem que haja embasamento legal.

Nessa perspectiva, deve-se respeito, antes de tudo, à Lei Maior, que determinou expressamente as condutas passíveis de tributação pela União. No que concerne às contribuições previdenciárias objeto do presente estudo, a materialidade fixada pelo legislador constituinte foi exatamente o efetivo adimplemento das obrigações trabalhistas, não podendo tal base ser alargada, sob pena de violação à legalidade constitucional.

O princípio da legalidade, assim, representa um dos postulados básicos preconizados pelo Estado Democrático de Direito, que garante o império da lei em prol das liberdades individuais e evita a supressão de direitos e garantias em função das conveniências dos detentores do poder.

Outrossim, é sabido que o Sistema Constitucional visa ao equilíbrio entre propriedade e exação. Destarte, em que pese a necessidade da tributação com vistas à efetivação das políticas públicas, o constituinte limitou a atuação fiscal por princípios cujo fundamento maior de existência reside na dignidade da pessoa humana, quais sejam, a vedação ao confisco e a capacidade contributiva.

Com efeito, apenas faria sentido que o indivíduo, lastreado em uma conduta solidária, contribuísse com o sustento alheio, na exata medida em que estivesse em condições de garantir a sua própria subsistência.

Desta forma, a capacidade contributiva seria demonstrada a partir da expressão, da disponibilidade de uma base econômica apta a suportar o gravame tributário. No que tange aos tributos em estudo, a capacidade apenas restaria inequivocamente configurada a partir do adimplemento da obrigação trabalhista, não do simples fato de dever que, pelo contrário, denota a carência de recursos.

A tributação, se levada a cabo sobre o simples devedor, ou sobre aquele que apenas tem a expectativa de receber um crédito, não raro conduziria ao fracasso pela completa ausência de base financeira, quando não redundasse em atividade confiscatória por parte do Estado.

Pela análise sistemática da Constituição, não apenas dos arts. 114 e 195, mas por toda a sua linha principiológica já suscitada, não há outra conclusão a que se possa chegar, senão aquela segundo a qual a formação do crédito previdenciário apenas poderia se dar no momento do efetivo pagamento das verbas trabalhistas.

5.1.2. *Da expectativa de direito*

Ora, se no momento da prolação da sentença, sequer teve nascimento a obrigação tributária e, consequentemente, o seu crédito, não há que se falar em direito adquirido pela autarquia previdenciária a impedir que as partes transacionem acerca de direitos eminentemente trabalhistas.

Com efeito, neste momento, apenas é detentora a União de mera expectativa de direito, e, como tal, sujeita à não concretização.

Acerca da matéria, bem elucidativas são as palavras de Antoniel Avelino e Marina Inês Targa (2002, p. 39-40):

> Na Justiça do Trabalho, entretanto, só surgirá o fato gerador apto a determinar o recolhimento de contribuições previdenciárias e sua competência para executar tais contribuições, com o pagamento de valores realizados pelo empregador ao trabalhador decorrente de sentença condenatória ou de acordo homologado. É a partir do momento que ocorre o pagamento efetivo das importâncias reconhecidas pela sentença ou fixadas no acordo que surge a obrigação do recolhimento das contribuições previdenciárias, tanto para o trabalhador, que as terá abatidas do valor a receber, quanto para o empregador, contribuinte do tributo ora analisado e responsável tributário pelo recolhimento das contribuições atinentes ao trabalhador. Equivocadamente, entretanto, a Previdência Social, através de sua Procuradoria e calcada em normas claramente inconstitucionais, assevera devidos os valores das contribuições previdenciárias desde o momento em que deveriam ter sido quitados os valores em favor do trabalhador. Quitado o valor devido pelo empregador ao trabalhador, ocorreu o surgimento do fato gerador. A partir do momento do pagamento, portanto, o executado tem até o dia 2 do mês subsequente para que, sem qualquer acréscimo legal, quite as parcelas devidas a título de contribuições previdenciárias (art. 30 da Lei n. 8.212/91). Não observado o prazo legal para o pagamento das contribuições previdenciárias passam as mesmas a contar com atualizações conforme os ditames aplicáveis às parcelas devidas à Previdência Social.

Somente a partir do pagamento, então, haveria a formação de um crédito em favor da Fazenda Pública. Este crédito mereceria, após devidamente constituído, a proteção do Ordenamento Jurídico como qualquer outro direito.

Antes disso, porém, apenas há que se falar em expectativa de direito por parte da Previdência, que seria insuficiente para coarctar a liberdade jurídica dos litigantes para conciliar e dispor de seus direitos.

5.1.3. Da conciliação judicial

No capítulo anterior, foi discutida a fundamental importância concedida à conciliação judicial pelo Processo do Trabalho, que, inclusive, a tem como verdadeiro princípio a reger a solução de litígios que lhe são levados pelos particulares.

Observe-se que, neste campo do Direito, tamanha foi a relevância que o legislador deu para a conciliação judicial, que o mesmo não apenas permitiu, mas também estimulou a sua ocorrência a qualquer tempo no processo, ainda que em fase de execução e após o trânsito em julgado da sentença. O legislador outorgou ao termo de acordo homologado pelo magistrado do trabalho o valor de título executivo judicial, apto a substituir a sentença anteriormente prolatada.

Outrossim, a importância dada pelo legislador para a composição do conflito por meio de conciliação judicial restou demonstrada com a permissão de que, por meio desta, se procedesse à disposição de verbas, a princípio, indisponíveis pelo trabalhador.

O que se deve observar, nessa linha, é que tais acordos tão prestigiados na seara laboral, poderiam ter sua ocorrência drasticamente reduzida com a interpretação equivocada da norma em comento, ante a possibilidade de tornarem-se desvantajosos com uma exação excessiva e inconstitucional.

Resguardar-se os créditos previdenciários, desde o momento da prolação da sentença, configuraria verdadeiro desestímulo para a conciliação entre os litigantes, que poderiam deixar de vislumbrar vantagens suficientes para a composição do conflito feita por eles próprios, em verdadeiro confronto com a principiologia do processo laboral.

Nesse plano, a proteção da mera expectativa de créditos previdenciários, consubstanciar-se-ia em privilégio desarrazoado à Fazenda Pública, em detrimento dos fins almejados pelo Ordenamento Jurídico Trabalhista, o que é de todo desaconselhável.

5.1.4. Da acessoriedade dos créditos fiscais

Neste ponto, cumpre salientar que os créditos fiscais possuem verdadeira relação de acessoriedade para com os créditos trabalhistas, de tal forma que, não adimplidos os segundos em sua integralidade em virtude de acordo posterior à prolação da sentença, os primeiros sofrerão as consequências de uma possível redução em função da supressão de parcelas salariais constantes da condenação.

Trata-se, enfim, da aplicação da regra geral de direito segundo a qual a obrigação acessória segue a sorte da principal, de tal forma que a própria extensão e existência da primeira pressupõe a verificação da segunda.

A respeito do tema, ensina Guilherme Guimarães Feliciano (2002, p. 75):

> A discriminação lícita das parcelas constitutivas do acordo, na forma do art. 991 do Código Civil, interfere efetivamente na base de cálculo do tributo, eis que o direito de arrecadação do INSS é, por assim dizer, acessório à expressão jurídica e econômica do direito litigioso do trabalhador: se o obreiro, nas concessões recíprocas da transação, concede quanto àquilo que possuía natureza de salário de contribuição, faz desaparecer o direito principal e, com isso, o direito acessório (art. 59 do Código Civil).

Assim é que, a cobrança de contribuições previdenciárias incidentes sobre as verbas deferidas em sentença, ainda que efetuado um acordo em momento posterior, poderia redundar no absurdo de se ter obrigações acessórias em muito superiores às principais. Esta crítica, inclusive, é sustentada por Antoniel Avelino e Maria Inês Targa (2002, p. 43) que assim advertem:

> Entender que as contribuições são devidas desde a sentença, implicaria a aplicação de multas e correções devidas aos créditos previdenciários, gerando valores de contribuições mais elevados do que aqueles devidos ao trabalhador, tornando o acessório, portanto, superior em muito, ao principal e subvertendo o conceito de fato gerador e a norma constitucional incidente.

O vínculo de acessoriedade que existe entre a obrigação trabalhista e previdenciária impede, portanto, que a segunda se sobreponha à primeira em termos de valores pecuniários ou mesmo de limitação à autonomia negocial das partes, violando-se a razoabilidade e proporcionalidade em que se deve pautar qualquer atividade fiscal.

5.1.5. Correligionários da tese nos meios institucionais e jurisdicionais

Interessante, neste ponto, é observar que, há dez anos, a mesma posição ora exposta era também defendida pela própria autarquia previdenciária, como se pode observar no item 12.2 da Ordem de Serviço Conjunta do INSS/DAF/DSS n. 66, de 10 de outubro de 1997, que dispunha que mesmo após a sentença e a apresentação de cálculos, "**prevalecerá o acordo homologado**, o qual deverá ser confrontado com o pleiteado na petição inicial ou com as parcelas deferidas na sentença, verificando-se a correspondência entre o pedido, o deferido e o acordado." (original sem grifos)

Ora, se a autarquia previdenciária, maior interessada na otimização da arrecadação fiscal já se posicionou neste sentido, isso indica que, no mínimo, o quanto aqui se defende goza de plausibilidade e razoabilidade jurídica.

Outrossim, alguns tribunais, mesmo com as recentes alterações promovidas na norma consolidada, remanescem a abraçar o entendimento segundo o qual os créditos previdenciários apenas passariam a gozar de proteção após a sua constituição, com o adimplemento da obrigação trabalhista. Nessa linha, colaciona-se decisão do TRT de São Paulo:

> INSS. CONTRIBUIÇÃO PREVIDENCIÁRIA. CELEBRAÇÃO DE ACORDO APÓS O TRÂNSITO EM JULGADO DA SENTENÇA. Realizado acordo após o trânsito em julgado da sentença, o recolhimento da contribuição previdenciária deve guardar estreita relação com os títulos, não com os valores, para preservar alguma margem negocial às partes. O interesse do INSS é derivado, portanto sofre os efeitos da transigência entre as partes, e o fato gerador é o recebimento do título, não somente seu reconhecimento. AGRAVO DE PETIÇÃO PROVIDO EM PARTE. (TRT/SP — 02542200507602008 — AP — Ac. 12ª T. 20080552743 — Rel. DAVI FURTADO MEIRELLES — DOE 4.7.2008)

O TST, a seu turno, embora não tenha se posicionado acerca da constitucionalidade do novel § 6º do art. 832 da CLT, em sua Súmula n. 401, ordena a execução de contribuições mesmo quando não previstas em sentença. Desta forma, pode-se inferir, ainda que implicitamente, que este Tribunal tenderá a ratificar o entendimento de que os créditos previdenciários não têm origem na sentença, mas apenas dela decorre.

Isto porque, compreende-se que a obrigação tributária não surge desde a prolação da sentença, mas se origina do pagamento das parcelas salariais ao trabalhador, quando da manifestação do fato gerador, momento em que, por aplicação imediata da lei, ocorrerá a incidência tributária.

Nesse sentido, em 2010, a Subseção I da Seção Especializada em Dissídios Individuais editou a Orientação Jurisprudencial n. 376 (TRIBUNAL SUPERIOR DO TRABALHO, 2011), com o seguinte teor:

> CONTRIBUIÇÃO PREVIDENCIÁRIA. ACORDO HOMOLOGADO EM JUÍZO APÓS O TRÂNSITO EM JULGADO DA SENTENÇA CONDENATÓRIA. INCIDÊNCIA SOBRE O VALOR HOMOLOGADO (DJE divulgado em 19, 20 e 22.4.2010). É devida a contribuição previdenciária sobre o valor do acordo celebrado e homologado após o trânsito em julgado de decisão judicial, respeitada a proporcionalidade de valores entre as parcelas de natureza salarial e indenizatória deferidas na decisão condenatória e as parcelas objeto do acordo.

5.1.6. A atual posição legislativa

Por fim, cumpre observar que, recentemente, a Lei n. 11.941, de 2008, inseriu no art. 43 da Lei n. 8.212/91, o § 5º, expressamente adotando a tese ora defendida: "na hipótese de acordo celebrado após ter sido proferida decisão de mérito, a contribuição será calculada com base no valor do acordo".

Assim, tratou o legislador de solucionar a questão, adequando-se às diretrizes constitucionais supracitadas.

5.2. ASPECTOS CRÍTICOS DA TESE DEFENDIDA

Nos tópicos anteriores foram expostas as razões que levam a pugnar pela proteção dos créditos previdenciários a partir da sua constituição, ou seja, quando do adimplemento da obrigação do tomador de serviços frente ao operário.

Por óbvio, a posição ora esposada não está imune a críticas de renomados autores do mundo jurídico. Contudo, como se verá adiante, nenhuma delas é suficiente para suplantar as ideias preconizadas pelo presente estudo.

Inicialmente, contra a tese ora suscitada, insurgiram-se alguns doutrinadores a aduzir que a mesma conduziria ao privilégio do tomador de serviços inadimplente, que não cumpre com seus deveres enquanto sujeito da relação laboral, no momento oportuno, quando da prestação do serviço pelo operário.

Isto porque, a adoção desta concepção acerca da formação dos créditos previdenciários implicaria o não acréscimo de encargos moratórios aos mesmos, bem como possibilitaria o seu pagamento a menor em função da renúncia ou transação acerca de verbas salariais realizada pelos litigantes.

Esta crítica, todavia, não merece prosperar. Com efeito, a violação por parte do empregador dos direitos inerentes ao trabalhador, obviamente, implicará a obrigação daquele de efetuar, judicialmente, o pagamento das verbas decorrentes de sua conduta, acrescidas de correção monetária, juros moratórios, bem como de eventuais multas e indenizações. Observa-se, portanto, que o mau pagador não deixará de ser penalizado, na forma da lei trabalhista.

A lei, contudo, faculta ao operário, único credor da relação de trabalho, dispensar o devedor de algumas de suas obrigações quando da conciliação feita em juízo. E, neste aspecto, não cabe à União se imiscuir nas tratativas visando a resguardar seus futuros créditos, já que, neste momento, apenas são objeto de acordo os direitos do trabalhador.

Com efeito, o ilícito trabalhista apenas terá aptidão para gerar a responsabilização dentro deste mesmo campo, devendo o tomador de serviços arcar com as consequências de seu vilipêndio às normas trabalhistas nesta seara.

Inviável, todavia, se pensar em responsabilização fiscal, já que não houve violação alguma a obrigação previdenciária que fosse, pois ainda inexistente qualquer relação tributária a vincular o contribuinte ao Fisco.

Outrossim, a pensar-se de modo diferente, estar-se-ia utilizando a tributação como forma de punição pela prática de conduta contrária ao direito, o que, nos termos do art. 3º, do CTN, mostra-se juridicamente impossível, sob pena de desvirtuar-se o próprio instituto jurídico do tributo enquanto prestação pecuniária compulsória que não constitui sanção de ato ilícito.

É importante observar que não se quer com a tese ora defendida, obviamente, estimular a evasão fiscal, ou seja, a burla à incidência da contribuição previdenciária pelos meios mais escusos possíveis.

Não seria dado aos acordantes, por exemplo, pactuar no sentido de apenas discriminar verbas de natureza indenizatória, que não constituem salário de contribuição, quando apenas foram requeridas na inicial ou deferidas em sentença parcelas remuneratórias. Isto configuraria verdadeira fraude, combatida pelo Ordenamento Jurídico por meio da desconsideração do próprio negócio e da tributação do fato tal qual realmente ocorrido.

A evasão fiscal, ou seja, a tentativa de diminuição ou não pagamento de tributos por vias juridicamente vedadas, constitui conduta há muito reprimida não só pela Teoria Geral do Direito, mas também, especificamente, pelo Código Tributário Nacional.

Assim é que o CTN, em seu art. 116, parágrafo único, permite que a autoridade administrativa desconsidere os "negócios jurídicos praticados com a finalidade de dissimular a ocorrência do fato gerador do tributo ou a natureza dos elementos constitutivos da obrigação tributária".

Verificada a tentativa de evasão fiscal, portanto, deverá ser tributado o fato gerador efetivamente ocorrido, aplicando-se, inclusive, as penalidades previstas em lei para a conduta do sonegador fiscal.

Ainda, poder-se-ia sustentar que seria difícil, senão impossível a fiscalização com vistas ao combate da evasão, já que a conciliação judicial daria ampla margem de liberdade para que os litigantes burlassem a lei tributária.

Contudo, a simples dificuldade de fiscalização, decorrente da falta de aparelhamento estatal, bem como das peculiaridades inerentes ao instituto jurídico da conciliação, não constituem motivos suficientes para que as partes sejam cerceadas em seu direito de negociar em juízo.

Neste ponto, caberá ao INSS, bem como ao magistrado, verificar, caso a caso, a legitimidade do acordo estipulado. Método que muitos juízes já vêm utilizando, é o cotejo entre as verbas pleiteadas na inicial ou deferidas na sentença e aquelas discriminadas no termo de conciliação. Havendo disparidade entre tais parcelas e valores, estar-se-ia diante de fraude combatida pelo Direito.

Também, o magistrado deveria se recusar a homologar o acordo eivado de vícios inerentes aos negócios jurídicos em geral, como aqueles atinentes à vontade, à forma, ao objeto e ao agente, bem como aqueles que viessem a malferir norma de ordem pública.

Nessa linha, dever-se-ia verificar que não se encontra no poder de disposição das partes, por exemplo, acertar que não haveria incidência tributária sobre as verbas salariais constantes do acordo. Isto porque se configuraria não apenas transação sobre direito alheio, mas, também, violação da norma de ordem pública que determina o recolhimento de contribuições previdenciárias sempre que ocorrido o fato gerador, violando o interesse público que existe na arrecadação fiscal em proveito destes particulares acordantes.

Assim, sempre restaria grande espaço de atuação ao magistrado, ao INSS e ao Ministério Público para verificar a ocorrência de fraude, simulação, violação à norma cogente, ou qualquer outra irregularidade inserida na conciliação judicial em sede de processo laboral.

Nunca é demais lembrar que, no Direito, a boa-fé é presumida, devendo a existência de fraude ou qualquer outro vício a inquinar o negócio jurídico celebrado ser devidamente provada por aquele que alega, de tal forma que não se deve presumir a má-fé dos acordantes de modo a impedir as tentativas de conciliação. A inversão das presunções poderia conduzir a verdadeiro caos nas instituições e na Ordem jurídicas.

Cumpre observar, por outro lado, que a simples redução da carga tributária decorrente da escolha pelo adimplemento de parcelas trabalhistas de natureza eminentemente indenizatórias em detrimento daquelas de caráter salarial, não configuraria a evasão, mas verdadeira elisão fiscal, também chamada de planejamento tributário.

A elisão fiscal é o conjunto de ações praticadas pelo sujeito passivo da obrigação tributária, com vistas à obtenção de maior eficiência econômica, através da diminuição lícita da carga tributária a ser recolhida aos cofres do governo. Constitui-se na concretização dos próprios princípios da legalidade e da liberdade, segundo o qual poderá o indivíduo atuar no vácuo legal, optando, entre duas possibilidades perfeitamente lícitas, por aquela que lhe parecer menos onerosa.

Colocar-se empecilhos às disposições negociais das partes, sem que haja prévio embasamento legal para tanto, poderia conduzir a situações de generalizada insegurança jurídica, já que não mais se teriam delineados de forma clara os limites entre o juridicamente permitido e o proibido.

Nas lições de Guilherme Guimarães Feliciano (2002, p. 73), se "a discriminação dos títulos constitutivos do acordo é aritmeticamente consentânea com os pedidos da exordial ou com os títulos da condenação, não há dolo ou fraude a inquinar o ato, ainda quando elida, total ou parcialmente, a incidência fiscal-previdenciária".

Assim, o acordo será sempre possível e deverá prevalecer ainda que sobre a sentença transitada em julgado, desde que não haja fraude ou simulação no ato, reduza ou não a expectativa de direitos que detém a Fazenda Pública, como forma de garantia das liberdades individuais.

Por tudo o quanto exposto neste trabalho, resta incontestável a indisponibilidade dos créditos da União, seja em sede de processo do trabalho, especificamente na conciliação judicial, ou por qualquer meio extrajudicial. Contudo, tais direitos somente gozam de proteção jurídica após a sua efetiva constituição, que apenas se concretiza com o cumprimento da obrigação trabalhista.

Desta forma, não há nada que impeça a homologação de acordos levados a cabo após a prolação da sentença, desde que celebrados em perfeita consonância com o Ordenamento Jurídico pátrio, de tal forma que apenas deverão as contribuições previdenciárias incidir sobre os valores consignados no acordo que tenham caráter salarial, ainda que haja supressão de verbas em relação à sentença anteriormente prolatada. Para a incidência tributária, portanto, apenas tem relevância o valor efetivamente percebido pelo operário, decorrentes de sentença ou de acordo homologado.

Assim, em que pese a importância da competência executória de tributos concedida pelo constituinte derivado à Justiça do Trabalho, nada obstante a relevância social da tributação para a satisfação das políticas públicas, não se pode permitir que para tanto sejam suprimidas as garantias constitucionais mínimas dos contribuintes, como a observância dos princípios da legalidade, da capacidade contributiva, da vedação ao confisco, e, acima de tudo, da própria dignidade da pessoa humana envolvida na questão.

A legítima tributação é um direito de toda a sociedade, que dela depende para a harmonia e sobrevivência do todo. Não se pode admitir, entretanto, que as garantias individuais sejam aniquiladas em função dos avanços arrecadatórios do Fisco e suas cobranças destoantes legalidade tributária, como muito se tem defendido de forma equivocada.

Considerações finais

Ao final da pesquisa, depois de submetidas as hipóteses a teste, foi possível extrair as seguintes conclusões sistematizadas atinentes ao tema, conforme a seguir expendido:

QUANTO AO CRÉDITO PREVIDENCIÁRIO:

1. Tributos são receitas derivadas, vale dizer, não produzidas originariamente pelo patrimônio público, mas arrecadadas pelo Estado para financiar as despesas públicas. Em conceituação do CTN, "é toda prestação pecuniária compulsória, em moeda ou cujo valor nela se possa exprimir, que não constitua sanção de ato ilícito, instituída em lei e cobrada mediante atividade administrativa plenamente vinculada".

2. As contribuições especiais têm natureza tributária, já que a Constituição assim as enquadra, tendo sido alçadas a uma das cinco espécies tributárias a partir do critério da destinação do produto da arrecadação. Com efeito, tais contribuições são compulsoriamente cobradas mediante atividade administrativa plenamente vinculada da SRF, devendo ser pagas em moeda ou equivalente, não constituindo sanção de ato ilícito.

3. Como subespécies de contribuições especiais, tem-se as contribuições para a Seguridade Social, mais especificamente, as contribuições previdenciárias, às quais deverão ser aplicadas as normas do Direito Tributário.

4. O Sistema Constitucional Tributário consiste em um conjunto de regras e princípios que disciplina o exercício da tributação, sendo marcado, no Brasil, por sua rigidez. A Constituição é o fundamento de validade para toda a pirâmide normativa, de maneira a guiar o exercício da competência legislativa, bem como as limitações ao poder de tributar, marcadamente, por meio de seus princípios da legalidade, da capacidade contributiva e da vedação ao confisco.

5. A norma tributária define a incidência fiscal e é composta por uma hipótese e um consequente. A primeira traz a previsão de um fato, sendo dividida em critérios materiais, espaciais e temporais. O segundo, a seu turno, prescreve a relação jurídica

ou obrigação tributária nascida a partir da concretização do fato previsto em lei, preconizando elementos pessoais (sujeito ativo e passivo) e quantitativos (alíquota e base de cálculo).

6. Ao instituir como comportamento tributável o simples *dever* de remunerar, ou seja, a mera *obrigação de pagar*, o legislador infraconstitucional antecipou a formação do crédito de maneira aviltante ao Sistema Constitucional, tanto no que se refere à literalidade de suas normas, quanto à sua base principiológica. Portanto, deve-se entender que a materialidade da hipótese de incidência abrange apenas os atos de *pagar, creditar ou auferir salários e demais rendimentos do trabalho*, praticados de forma voluntária ou por determinação judicial, dos quais decorre a demonstração de riqueza tributável.

7. As contribuições previdenciárias possuem critério espacial e temporal aferíveis da sua materialidade. Desta forma, surgirá a obrigação tributária onde e quando o comportamento previsto em lei se concretizar, com o pagamento ou crédito de verbas remuneratórias ao trabalhador.

8. A partir da ocorrência do fato gerador (concretização da hipótese), nasce uma relação jurídica que possui a descrição de seus elementos inserida no consequente da norma tributária. Assim, a previsão do comportamento de recolher quantias financeiras ao Estado, é composta por elementos pessoais e quantitativos.

9. No critério pessoal do consequente, tem-se o sujeito ativo e o passivo da obrigação previdenciária. O primeiro, é a Secretaria da Receita Federal do Brasil, que detém o direito subjetivo de exigir o adimplemento da obrigação. O segundo, é o sujeito adstrito ao cumprimento da obrigação, seja ele contribuinte (empregadores empresas e entidades equiparadas, bem como trabalhadores) ou o responsável tributário (empregadores empresas e entidades equiparadas).

10. A quantificar o valor das contribuições devidas, tem-se a base de cálculo, ou seja, uma perspectiva dimensível da materialidade da hipótese de incidência tributária que converte a conduta em dinheiro, representada pela remuneração do trabalhador, também chamada de salário de contribuição. A alíquota, a seu turno, indica a fração da riqueza que será exigida pelo Fisco, fixadas em função do contribuinte.

11. O crédito tributário é uma das facetas da obrigação, formando-se juntamente com esta, mas apenas exigível a partir do lançamento tributário. No caso das contribuições previdenciárias, haverá especificidades quanto ao procedimento de lançamento e execução, conforme se trate de contribuições a serem executadas na Justiça Comum ou do Trabalho.

QUANTO À COMPETÊNCIA DA JUSTIÇA DO TRABALHO EM MATÉRIA PREVIDENCIÁRIA:

12. Em um contexto de busca de soluções para crise previdenciária, foi aprovada a Emenda Constitucional n. 20/98, na qual se insere, particularmente, a atribuição

de competência à Justiça do Trabalho para executar de ofício as contribuições previdenciárias, sem prévio procedimento administrativo. O objetivo foi acabar com a burocracia e enormes dispêndios com a execução destes tributos, possibilitando-se a maximização da arrecadação.

13. Esta competência executória, contudo, é limitada às espécies tributárias previstas no art. 195, I, *a*, e II, da CF/88. Outra restrição, ainda, revela-se na determinação de que apenas serão executadas nesta Especializada as contribuições decorrentes das sentenças nela proferidas, daí decorrendo o limite atinente à sua própria competência material.

14. Em que pese os interesses sociais envolvidos na questão, não faltaram vozes a suscitar, de forma insubsistente, a inconstitucionalidade da Emenda n. 20, que permitiu a execução previdenciária de ofício na Justiça Laboral. Com efeito, os interesses dos trabalhadores foram atendidos com o aumento da arrecadação, pois receberão maiores e melhores benefícios. Por outro lado, os Poderes do Estado não mais são divididos de forma estanque, de tal forma que devem funcionar harmonicamente e exercitar funções atípicas. Outrossim, o Magistrado deverá deflagrar e conduzir a execução nos moldes legais, o que não significa que atuará como parte no processo. Por fim, o princípio do contraditório é observado no momento determinado pela legislação, que pode validamente diferi-lo.

QUANTO À EXECUÇÃO DAS CONTRIBUIÇÕES PREVIDENCIÁRIAS NA JUSTIÇA DO TRABALHO:

15. Seguindo a Lei de Custeio da Previdência, a Lei n. 10.035 disciplinou a execução sob a premissa de que o crédito previdenciário estaria formado desde quando devida a remuneração ao trabalhador. A partir de então, alguns autores passaram a defender que o legislador terminou por criar um título executivo extrajudicial em favor do INSS, a ser proferido juntamente com a decisão jurisdicional acerca dos créditos trabalhistas. Este título não teria, contudo, caráter jurisdicional, já que para tanto seria necessário que a autarquia previdenciária integrasse previamente a relação jurídica processual. Destarte, tal decisão consubstanciar-se-ia em verdadeiro lançamento tributário.

16. Verifica-se que a Lei n. 10.035, alterou a própria modalidade de lançamento das contribuições previdenciárias. Isto porque, quando não decorrentes de sentenças trabalhistas, tais espécies tributárias deverão ser recolhidas antes mesmo de qualquer ato praticado pela Administração, o que configura o chamado lançamento por homologação. Na seara da Justiça do Trabalho, todavia, o lançamento passou a ser feito de ofício, pela autoridade judicial no exercício de sua função administrativa.

17. O objetivo das alterações legais foi dar maior celeridade ao procedimento, de tal forma que a liquidação deverá abranger não apenas os créditos trabalhistas, mas, também, o cálculo das contribuições previdenciárias. Liquidada as obrigações, poderá

o devedor adimpli-las imediatamente, sob pena de execução de ofício dos créditos resultantes de condenação ou acordo, simultânea e autonomamente.

18. Embora tenha servido para pôr fim a discussões acerca da autoaplicabilidade do preceito constitucional e do procedimento a ser adotado, a Lei n. 10.035 é muito criticada. Com efeito, não foi criado um procedimento específico e articulado, tendo sido fixados enxertos na CLT sem rigores sistemáticos. Peca, ainda, por ir além da simples execução, dando competência ao juiz para constituir o crédito previdenciário desde a prolação da sentença, o que viola frontalmente o Sistema Constitucional, já que o título executivo em favor do INSS apenas poderia ser formado a partir do efetivo pagamento de verbas salariais ao trabalhador. Por fim, em detrimento da urgência que requer o recebimento do crédito alimentar trabalhista, foram unificados os procedimentos de liquidação e execução de verbas trabalhistas e previdenciárias.

19. É iniludível que a Emenda Constitucional n. 20 não teve a intenção de atribuir ao magistrado o dever de proceder à liquidação de ofício dos julgados, dando aos órgãos auxiliares a atribuição de efetuar cálculos que ao INSS competiriam. Muito mais consentâneo com o Ordenamento e com a realidade de recursos humanos e financeiros da Justiça Laboral, seria que a lei mantivesse a modalidade de lançamento por homologação para as contribuições previdenciárias a serem executadas nesta Especializada. Pecou o legislador pelo excesso de inovações já que, com modificações pontuais no procedimento já existente para a execução de contribuições, seria possível a perfeita adaptação do mesmo ao Processo do Trabalho, com muito menos sacrifício da celeridade na execução de verbas trabalhistas.

QUANTO À CONCILIAÇÃO JUDICIAL NO PROCESSO TRABALHISTA:

20. Diante da necessidade de acelerar a resolução dos conflitos interpessoais, buscam-se meios alternativos à Jurisdição, que podem ocorrer até mesmo dentro do Poder Judiciário, como acontece com a conciliação judicial. A conciliação, assim, sempre foi incentivada pelo Direito, tendo em vista o seu poder de gerar a solução do litígio mais consentânea com os interesses das partes, cumprindo de maneira muito mais eficiente o papel de pacificação social que a sentença imposta ao réu no processo.

21. A CLT determina a necessária sujeição dos dissídios individuais à tentativa de conciliação, alçando a conciliabilidade a princípio do Direito Processual Trabalhista. Nessa linha, a relevância dada à conciliação judicial é verificada até mesmo na possibilidade de as partes celebrarem acordo que ponha termo ao processo, ainda que encerrado o juízo conciliatório, podendo fazê-lo a qualquer tempo e grau de jurisdição.

22. A liberdade negocial, apesar de estimulada, não pode ser exercida de forma ilimitada. Com efeito, no campo do Direito do Trabalho, as restrições à autonomia privada representam uma garantia de respeito aos direitos Constitucionalmente assegurados ao trabalhador em virtude do natural desequilíbrio de poderes existente na

relação laboral. Neste aspecto, sobressaem os princípios da imperatividade das normas trabalhistas e da indisponibilidade dos direitos do operário, que deverão, contudo, ser compatibilizados com a conciliação judicial, estimulada na seara processual.

23. Inicialmente, percebeu-se que há uma graduação da disponibilidade dos direitos trabalhistas, de tal forma que alguns deles estariam sujeitos à conciliação judicial. Outrossim, a extinção do contrato de emprego é fator que deflagra a liberdade do trabalhador para dispor de seus direitos decorrentes do contrato de trabalho. Sob uma outra perspectiva, defende-se a possibilidade de conciliação judicial por serem os direitos pleiteados em juízo considerados *res dubia*. Finalmente, justifica-se a conciliação judicial pelo próprio incentivo que o Ordenamento Jurídico brasileiro lhe concede. Assim, os princípios da imperatividade e da indisponibilidade sofrem larga mitigação para se possibilitar a conciliação judicial.

24. A conciliação estará sujeita a limitações inerentes a qualquer negócio jurídico, podendo o magistrado recusar a sua homologação quando for verificada a ocorrência de fraude ou qualquer outro vício.

QUANTO AOS CRÉDITOS PREVIDENCIÁRIOS EM FACE DE ACORDOS CELEBRADOS APÓS A SENTENÇA TRABALHISTA:

25. Os créditos previdenciários deverão ser efetivamente protegidos, como, aliás, ocorre com qualquer direito juridicamente tutelado. Destarte, inconcebível seria que se autorizasse a disposição pelos litigantes, ainda que em sede de processo trabalhista e por meio da conciliação judicial, de créditos do Fisco, em detrimento de todo o interesse público envolvido na questão.

26. O CTN, em seu art. 123, há muito preceitua a inoponibilidade de convenções particulares à Fazenda Pública. Tal dispositivo decorre da própria regra geral de direito de que não é dado às partes se evadirem de normas de ordem pública de aplicação cogente, de maneira que é devida a proteção aos créditos previdenciários a qualquer tempo, dentro ou fora do processo judicial, desde a sua constituição.

27. Uma vez que os créditos da Previdência apenas são formados no momento do efetivo pagamento das verbas trabalhistas, não quando da prolação da sentença, somente naquele momento a proteção aos créditos fiscais deve ser deflagrada. Esta interpretação está em perfeita consonância com o princípio da supremacia das normas constitucionais, que apenas instituíram a incidência tributária sobre as parcelas salariais efetivamente pagas ou creditadas ao trabalhador, ainda que decorrentes de sentença condenatória ou acordo.

28. Pelo método de interpretação gramatical, infere-se que o vocábulo *pagar*, presente no arquétipo constitucional da regra-matriz de incidência, denota a satisfação da dívida ou encargo, ao passo que *creditar* implica a garantia inequívoca da obrigação. Desta forma, verifica-se que o constituinte somente teve a intenção de tributar a efetiva

demonstração de riqueza consubstanciada com o cumprimento da obrigação laboral, fato este que apenas de forma mediata guarda relação com a sentença trabalhista.

29. A concepção segundo a qual a formação do crédito previdenciário se dá desde a prolação da sentença, constitui verdadeira afronta aos princípios constitucionais, tais como legalidade, vedação ao confisco e capacidade contributiva, que, por sua vez, estão umbilicalmente ligados a outros princípios como liberdade, dignidade da pessoa humana etc.

30. No momento da prolação da sentença, a Fazenda é detentora de mera expectativa de direito, sujeita a não concretização. Desta forma, o Fisco ainda não possuiria direito adquirido que pudesse impedir a transação das partes acerca de direitos eminentemente trabalhistas. Insuficiente é a expectativa de direito para coarctar a liberdade jurídica dos litigantes em conciliar e dispor de seus direitos.

31. A CLT concedeu à conciliação judicial fundamental importância, alçou-a a princípio do Processo do Trabalho, estimulou a sua realização em qualquer tempo no processo e autorizou, até mesmo, a disposição de direitos do trabalhador. Desta forma, o termo de acordo homologado pelo magistrado do trabalho possui valor de título executivo judicial, apto a substituir a sentença anteriormente prolatada, até mesmo no que toca aos créditos previdenciários. Se assim não fosse, os acordos judiciais, tão caros ao Processo Laboral, correriam risco de sofrerem drástica redução em sua celebração, ante a possibilidade de tornarem-se desvantajosos em face de uma excessiva e inconstitucional exação.

32. Em função da relação de acessoriedade entre o crédito fiscal e o trabalhista, a própria extensão e existência do primeiro pressupõe a verificação do segundo. Assim, se não forem pagas as verbas trabalhistas em sua integralidade em virtude de acordo posterior à prolação da sentença, as contribuições previdenciárias sofrerão as consequências de uma possível redução decorrente da supressão de parcelas salariais constantes na condenação. O vínculo de acessoriedade impede, portanto, que o acessório se sobreponha ao principal em termos de valores pecuniários ou mesmo de limitação à autonomia negocial das partes, violando-se a razoabilidade e proporcionalidade em que se deve pautar a atividade fiscal.

33. Os direitos trabalhistas não adimplidos em momento oportuno, uma vez requisitada a intervenção do Poder Judiciário, deverão ser pagos acrescidos de encargos moratórios. O mau pagador, portanto, não será privilegiado, mas penalizado, na forma da lei trabalhista. Não há que se falar, contudo, em responsabilização fiscal pela prática de um ilícito trabalhista, sob pena de se utilizar a tributação como forma de punição, prática expressamente vedada pelo art. 3º, do CTN.

34. A evasão fiscal, ou seja, a burla à incidência da contribuição previdenciária visando à diminuição ou não pagamento de tributos por vias juridicamente vedadas, configura fraude. É combatida pelo Ordenamento Jurídico por meio da desconsideração do negócio e da tributação do fato tal qual realmente ocorrido, aplicando-se as penalidades legais para a conduta do sonegador. Assim, a fiscalização das práticas eva-

sivas deverá ser procedida pelo Magistrado, pelo *Parquet* e pelo INSS, não podendo eventuais dificuldades constituir motivos suficientes para que as partes sejam cercadas em seu direito de negociar em juízo.

35. O magistrado poderá se recusar a homologar o acordo eivado de vícios inerentes aos negócios jurídicos em geral, atinentes à vontade, à forma, ao objeto e ao agente, bem como aqueles que violarem norma de ordem pública, *verbi gratia*, pela estipulação de que não serão recolhidos tributos ainda que ocorrido o fato gerador. Observe-se que a boa-fé é presumida, devendo a existência de fraude ou qualquer outro vício a inquinar o negócio jurídico celebrado ser devidamente provada por aquele que alega, de tal forma que não se deve presumir a má-fé dos acordantes de modo a impedir as tentativas de conciliação.

36. A simples redução da carga tributária decorrente da opção pelo adimplemento de parcelas trabalhistas de natureza indenizatória em detrimento daquelas de caráter salarial, não configuraria a evasão, mas verdadeiro planejamento tributário, ou seja, ações praticadas com vistas à diminuição lícita da carga tributária. O planejamento concretiza os princípios da legalidade e da liberdade, de tal forma que poderá o indivíduo atuar no vácuo legal, optando, entre duas possibilidades perfeitamente lícitas, por aquela que lhe parecer menos onerosa. Colocar-se empecilhos às disposições negociais das partes, sem que haja prévio embasamento legal para tanto, poderia conduzir a situações de generalizada insegurança jurídica.

37. Os créditos da União são indisponíveis, seja em sede de processo do trabalho, ou por qualquer meio extrajudicial. Contudo, tais direitos somente gozam de proteção jurídica após a sua efetiva constituição, que se dá com o cumprimento da obrigação trabalhista. Assim, o acordo judicial será sempre possível e deverá prevalecer, ainda que sobre a sentença transitada em julgado, desde que não haja fraude ou simulação no ato, reduza ou não a expectativa de direitos que detém o órgão previdenciário, como forma de garantia das liberdades individuais. As contribuições previdenciárias, nessa linha, apenas deverão incidir sobre os valores consignados no acordo que tenham caráter salarial, ainda que haja supressão de verbas em relação à sentença anteriormente prolatada. Para a incidência tributária, portanto, apenas tem relevância o valor efetivamente percebido pelo operário, decorrentes de sentença ou de acordo homologado.

Referências

ALEMÃO, Ivan. Execução do crédito previdenciário na Justiça do Trabalho — Lei n. 10.035/2000. *Síntese trabalhista:* Administrativa e previdenciária, n. 138, v. 12, p. 22-25, dez. 2000.

ALMEIDA, Helcônio. *Lãs fuentes del Derecho Tributario Brasileño.* [2006?] Tese (Doutorado em Direito) — Faculdade de Direito, Universidad Autônoma de Madrid.

AMARO, Luciano. *Direito tributário brasileiro.* 11. ed. São Paulo: Saraiva, 2005.

ATALIBA, Geraldo. *Hipótese de incidência tributária.* 6. ed. São Paulo: Malheiros, 2005.

AVELINO, Antoniel Ferreira; TARGA, Maria Inês Corrêa de Cerqueira César. O fato gerador da contribuição previdenciária no processo do trabalho. *Revista do Tribunal Regional do Trabalho da Décima Quinta Região*, n. 19, p. 36-47, dez. 2002.

BALEEIRO, Aliomar. *Limitações constitucionais ao poder de tributar.* Atualização Mizabel Derzi. 7. ed, 3ª tiragem. Rio de Janeiro: Forense, 1999.

BARROS, Alice Monteiro de. *Curso de direito do trabalho.* 4. ed. rev. e ampl. São Paulo: LTr, 2008.

BATALHA, Wilson de Souza Campos. *Tratado de direito judiciário do trabalho.* São Paulo: LTr, 1977.

BORGES, Roxana Cardoso Brasileiro. *Disponibilidade dos direitos da personalidade e autonomia privada.* São Paulo: Saraiva, 2005.

BRASIL. *Código de processo civil.* Disponível em: <http://www.planalto.gov.br/ccivil_03/LEIS/L5869.htm>. Acesso em: 14 set. 2008.

_____ . *Código Tributário Nacional.* Disponível em: <http://www.planalto.gov.br/ccivil_03/Leis/L5172.htm>. Acesso em: 2 jul. 2008.

_____ . *Consolidação das Leis do Trabalho.* Disponível em: <http://www.planalto.gov.br/ccivil_03/Decreto-Lei/Del5452.htm>. Acesso em: 14 set. 2008.

_____ . *Constituição Política do Império do Brazil* (de 25 de março de 1824). Disponível em: <http://www.planalto.gov.br/ccivil_03/Constituicao/Constituiçao24.htm>. Acesso em: 18 set. 2008.

_____ . *Constituição da República Federativa do Brasil de 1988.* Disponível em: <http://www.planalto.gov.br/ccivil_03/Constituicao/Constituiçao.htm>. Acesso em: 2 jul. 2008.

_____ . Lei n. 7.787, de 30 de junho de 1989. Disponível em: <http://www.planalto.gov.br/ccivil_03/Leis/L7787.htm>. Acesso em: 14 set. 2008.

_____ . Lei n. 8.212, de 24 de julho de 1991. Disponível em: <http://www.planalto.gov.br/ccivil_03/LEIS/L8212cons.htm>. Acesso em: 17 jul. 2008.

_____. Lei n. 8.620 de 5 de janeiro de 1993. Disponível em: <http://www.planalto.gov.br/ccivil_03/Leis/L8620.htm>. Acesso em: 14 set. 2008.

_____. Lei n. 9.528, de 10 de dezembro de 1997. Disponível em: <http://www.planalto.gov.br/ccivil_03/LEIS/L9528.htm#art28i>. Acesso em: 17 jul. 2008.

_____. Lei n. 10.035, de 25 de outubro de 2000. Disponível em: <http://www.planalto.gov.br/ccivil_03/Leis/L10035.htm>. Acesso em: 14 set. 2008.

_____. Lei n. 10.666, de 8 de maio de 2003. Disponível em: <http://www.planalto.gov.br/ccivil_03/Leis/2003/L10.666.htm>. Acesso em: 14 set. 2008.

_____. Lei n. 11.457, de 16 de março de 2007. Disponível em: <http://www.planalto.gov.br/ccivil_03/_Ato2007-2010/2007/Lei/L11457.htm>. Acesso em: 14 set. 2008.

_____. Ordem de Serviço Conjunta INSS/DAF/DSS n. 66, de 10 de outubro de 1997. Disponível em: <http://www.trt02.gov.br/geral/tribunal2/orgaos/MPAS/OS_66_97.htm>. Acesso em: 26 jul. 2008.

_____. Regulamento da Previdência Social. Disponível em: <http://www.planalto.gov.br/ccivil_03/Decreto/D3048.htm>. Acesso em: 26 jul. 2008.

_____. Tribunal Regional do Trabalho — 5ª Região. Agravo de Petição n. 00485-2007-196-05-00-0-AP, Primeira Turma, Relatora Desembargadora Elisa Amado, DJ 25 jul. 2008. Disponível em: <http://www.trt5.jus.br/>. Acesso em: 10 ago. 2008.

_____. Tribunal Superior do Trabalho. Orientação Jurisprudencial n. 376, SDI-1. CONTRIBUIÇÃO PREVIDENCIÁRIA. ACORDO HOMOLOGADO EM JUÍZO APÓS O TRÂNSITO EM JULGADO DA SENTENÇA CONDENATÓRIA. INCIDÊNCIA SOBRE O VALOR HOMOLOGADO. É devida a contribuição previdenciária sobre o valor do acordo celebrado e homologado após o trânsito em julgado de decisão judicial, respeitada a proporcionalidade de valores entre as parcelas de natureza salarial e indenizatória deferidas na decisão condenatória e as parcelas objeto do acordo. Disponível em: <http://www.tst.jus.br/jurisprudencial/Livro_Jurisprud/livro_html_atual.html#SBDI-1>. Acesso em: 25 abr. 2011.

_____. Tribunal Superior do Trabalho. Recurso de Revista n. RR — 52998/2002-900-16-00, Terceira Turma, Relator Ministro Carlos Alberto Reis de Paula, DJ 2 maio 2008. Disponível em: <http://www.tst.gov.br/>. Acesso em: 10 ago. 2008.

_____. Tribunal Superior do Trabalho. Recurso de Revista n. RR — 61891/2002-900-16-00, Quinta Turma, Relator Ministro João Batista Brito Pereira, DJ 7 dez. 2007. Disponível em: <http://www.tst.gov.br/>. Acesso em: 10 ago. 2008.

_____. Tribunal Superior do Trabalho. Súmula n. 259. TERMO DE CONCILIAÇÃO. AÇÃO RESCISÓRIA (mantida) — Res. n. 121/2003, DJ 19, 20 e 21.11.2003 Só por ação rescisória é impugnável o termo de conciliação previsto no parágrafo único do art. 831 da CLT. Disponível em: <http://www.tst.gov.br/Cmjpn/livro_html_atual.html#Sumulas>. Acesso em: 14 set. 2008.

_____. Tribunal Superior do Trabalho. Súmula n. 401. AÇÃO RESCISÓRIA. DESCONTOS LEGAIS. FASE DE EXECUÇÃO. SENTENÇA EXEQUENDA OMISSA. INEXISTÊNCIA DE OFENSA À COISA JULGADA (conversão da Orientação Jurisprudencial n. 81 da SBDI-2) — Res. n. 137/2005 — DJ 22, 23 e 24.8.2005. Os descontos previdenciários e fiscais devem ser efetuados pelo juízo executório, ainda que a sentença exequenda tenha sido omissa sobre a questão, dado o caráter de ordem pública ostentado pela norma que os disciplina. A ofensa à coisa julgada somente poderá ser caracterizada na hipótese de o título exequendo, expressamente, afastar a dedução dos valores a título de imposto de renda e de contribuição previdenciária. (ex-OJ n. 81 da SBDI-2 — inserida em 13.03.2002). Disponível em: <http://www.tst.gov.br/Cmjpn/livro_html_atual.html#Sumulas>. Acesso em: 14 set. 2008.

_____. Tribunal Superior do Trabalho. Súmula n. 418. MANDADO DE SEGURANÇA VISANDO À CONCESSÃO DE LIMINAR OU HOMOLOGAÇÃO DE ACORDO (conversão das Orientações Jurisprudenciais ns. 120 e 141 da SBDI-2) — Res. n. 137/2005, DJ 22, 23 e 24.08.2005 A concessão de liminar ou a homologação de acordo constituem faculdade do juiz, inexistindo direito líquido e certo tutelável pela via do mandado de segurança. (ex-Ojs da SBDI-2 ns. 120 — DJ 11.8.2003 — e 141 — DJ 4.5.2004). Disponível em: <http://www.tst.gov.br/Cmjpn/livro_html_atual.html#Sumulas>. Acesso em: 14 set. 2008.

CANOTILHO, José Joaquim Gomes. *Direito constitucional e teoria da constituição*. 3. ed. Coimbra: Livraria Almedina, 1998.

CARRAZZA, Roque Antonio. *Curso de direito constitucional tributário*. 23. ed. São Paulo: Malheiros, 2007.

CARRION, Valentin. *Comentários à Consolidação das Leis do Trabalho*. 33. ed. São Paulo: Saraiva, 2008.

CARVALHO, Paulo de Barros. *Curso de direito tributário*. 19. ed. São Paulo: Saraiva, 2007.

CASTILHO, Paulo Cesar Baria de. *Execução de contribuição previdenciária pela justiça do trabalho*. São Paulo: Revista dos Tribunais, 2005.

CASTRO, Carlos Alberto Pereira de; LAZZARI, João Batista. *Manual de direito previdenciário*. 6. ed. São Paulo: LTr, 2005.

CERQUEIRA, Gustavo Lanat Pedreira de. Abrangência da conciliação judicial. In: PAMPLONA FILHO, Rodolfo (coord.). *Processo do trabalho*: estudos em homenagem ao professor Rodrigues Pinto. São Paulo: LTr, 1997. p. 186-193.

DELGADO, Mauricio Godinho. *Curso de direito do trabalho*. 3. ed. São Paulo: LTr, 2004a.

_____. *Princípios de direito individual e coletivo do trabalho*. 2. ed. São Paulo: LTr, 2004b.

FELICIANO, Guilherme Guimarães. Aspectos processuais controvertidos da execução das contribuições sociais na justiça do trabalho. *Revista do Tribunal Regional do Trabalho da Décima Quinta Região*, n. 19, p. 48-87, dez. 2002.

FERREIRA, Aurélio Buarque de Holanda. *Novo dicionário da língua portuguesa*. Rio de Janeiro: Nova Fronteira, 1975.

FLINKERBUSCH, Alcides Otto. Execução das contribuições sociais pela justiça do trabalho: questões controvertidas e implicações decorrentes da Emenda Constitucional n. 45/2004. In: ARAÚJO, Francisco Rossal (coord.). *Jurisdição e competência da justiça do trabalho*. São Paulo: LTr, 2006. p. 249-269.

GAGLIANO, Pablo Stolze; PAMPLONA FILHO, Rodolfo. *Novo curso de direito civil*: obrigações. 9. ed. São Paulo: Saraiva, 2008.

GIGLIO, Wagner D. Execuções das contribuições previdenciárias — Lei n. 10.035/2000. *Revista LTr: Legislação do Trabalho*, n. 6, v. 65, p. 647-649, jun. 2001.

_____; CORRÊA, Claudia Giglio Veltri. *Direito processual do trabalho*. 15. ed. São Paulo: Saraiva, 2005.

IBRAHIM, Fábio Zambitte. *Curso de direito previdenciário*. 7. ed. Rio de Janeiro: Impetus, 2006.

LAMARCA, Antônio. *O livro da competência*. São Paulo: Revista dos Tribunais, 1979.

_____ . *Processo do trabalho comentado (arts. 643 a 910 da CLT)*. São Paulo: Revista dos Tribunais, 1982.

LEITE, Carlos Henrique Bezerra. *Curso de direito processual do trabalho*. 4. ed. São Paulo: LTr, 2006.

MACHADO, Hugo de Brito. *Curso de direito tributário*. 21. ed. São Paulo: Malheiros, 2002.

MACHADO JÚNIOR, César P. S. A Execução das contribuições previdenciárias. *Revista de Previdência Social*. n. 244, ano XXV, p. 161-169, mar. 2001.

MARTINS, Rogério Vidal Gandra da Silva; Marone, José Ruben. Título I — Disposições Gerais (arts. 2º a 5º). In: Nascimento, Carlos Valder (coord). *Comentários ao Código Tributário Nacional*: (Lei n. 5.172, de 25.10.1966). 5. ed. Rio de Janeiro: Forense, 2000, p. 25-38.

MARTINS, Sérgio Pinto. *Execução da contribuição previdenciária na justiça do trabalho*. São Paulo: Atlas, 2001.

_____ . *Direito processual do trabalho*: Doutrina e Prática Forense, Modelos de Petições, Recursos, Sentenças e outros. 24. ed. São Paulo: Atlas, 2005.

_____ . *Direito do trabalho*. 22. ed. São Paulo: Atlas., 2006.

MEIRELES, Edilton. *Inovações da execução trabalhista e previdenciária*. São Paulo: LTr, 2000.

MELLO, Celso Antônio Bandeira de. *Curso de direito administrativo*. 23. ed. São Paulo: Malheiros, 2007.

MINISTÉRIO DA FAZENDA. *Informações sobre educação fiscal*. Disponível em: <http://64.233.169.104/search?q=cache:04UqgtmPMEcJ:www.sefaz.am.gov.br/Areas/Opcao04/modulo03.doc+tributo+-+origem&hl=pt-BR&ct=clnk&cd=2&gl=br>. Acesso em: 14 set. 2008.

MINISTÉRIO DA PREVIDÊNCIA SOCIAL. *Tabela de contribuição dos segurados empregado, empregado doméstico e trabalhador avulso, para pagamento de remuneração a partir de 1º.3.2008*. Disponível em: <http://www.previdenciasocial.gov.br/conteudoDinamico.php?id=313>. Acesso em: 9 nov. 2010.

NASCIMENTO, Amauri Mascaro. *Curso de direito processual do trabalho*. 23. ed. São Paulo: Saraiva, 2008.

NASSIF, Elaine. *Conciliação judicial e indisponibilidade de direitos:* Paradoxos da "Justiça Menor" no Processo Civil e Trabalhista. São Paulo: LTr, 2005.

NEVES; André Luiz Batista; PAMPLONA FILHO, Rodolfo. *Direito previdenciário nos Enunciados do TST*. São Paulo: LTr, 1998.

NUNES, Milton José. *A crise da Previdência Social no Brasil*. Disponível em <http://www.univap.br/biblioteca/hp_dez_2002/Revisada%20dez%202002/007.pdf>. Acesso em: 28 jul. 2008.

PAMPLONA FILHO, Rodolfo Pamplona. *A nova competência da Justiça do Trabalho — uma contribuição para a compreensão dos limites do novo art. 114 da Constituição Federal de 1988*. Disponível em <http://jus2.uol.com.br/doutrina/texto.asp?id=7599&p=1>. Acesso em: 23 jul. 2008.

PEDUZZI, Maria Cristina Irigoyen. A competência da Justiça do Trabalho para a Execução das Contribuições Previdenciárias. *Revista do Tribunal Superior do Trabalho*, n. 1, v. 70, p. 20-30, jan./jun. 2004.

PIERDONÁ, Zélia Luiza. *Contribuições para a Seguridade Social*. São Paulo: LTr, 2003.

PINTO, José Augusto Rodrigues. *Execução trabalhista:* Estática — Dinâmica — Prática. 11. ed. São Paulo: LTr, 2006.

_____ . *Processo trabalhista de conhecimento.* 7. ed. São Paulo: LTr, 2005.

PORTELLA, André. *A competência da justiça do trabalho para a execução de créditos tributários:* reformas constitucionais e o impacto da Lei n. 11.457/07. Disponível em: <http://web.unifacs.br/revistajuridica/edicao_marco2008/convidados/con1.doc>. Acesso em: 20 jul. 2008.

RODRIGUEZ, Américo Plá. *Princípios de direito do trabalho.* São Paulo: LTr, 1996.

RUSSOMANO, Mozart Victor. *Comentários à Consolidação das Leis do Trabalho.* 10. ed. Rio de Janeiro: Forense, 1983.

SANTOS FILHO, Sérgio Luiz dos. Da mora previdenciária: início da exigibilidade do recolhimento previdenciário oriundo de processo trabalhista — Um parêntese acerca do procedimento liquidatório na execução conjunta de direitos trabalhistas e previdenciários — sugestão prática. *RDT: Revista do Direito Trabalhista*, n. 6, ano 11, p. 30-31, jun. 2005.

SCHWARZ, Rodrigo Garcia. Contribuições sociais incidentes nas ações Trabalhistas. *Síntese Trabalhista:* Administrativa e Previdenciária, n. 154, v. 13, p. 29-41, abr. 2002.

SILVA, José Afonso da. *Curso de direito constitucional positivo.* 25. ed. São Paulo: Malheiros, 2005.

SILVA NETO, Manoel Jorge e. *Curso de direito constitucional.* Rio de Janeiro: Lumen Juris, 2006.

TRIBUNAL SUPERIOR DO TRABALHO. *Justiça do trabalho arrecadou R$ 1,8 bi em 2004.* Disponível em: <http://ext02.tst.jus.br/pls/no01/no_noticias.Exibe_Noticia?p_cod_noticia=5503&p_cod_area_noticia=ASCS&p_txt_pesquisa=arrecada%E7%E3o%20%2D%20INSS>. Acesso em: 14 set. 2008.

VALLE, Márcio Ribeiro do. Execução das contribuições previdenciárias emergentes das decisões da justiça do trabalho (Lei n. 10.035/2000). *Gênesis: Revista de Direito do Trabalho*, nov. 2000.